Micha Hilgers

# Total abgefahren

Psychoanalyse des Autofahrens

Herder

Freiburg · Basel · Wien

Originalausgabe

Alle Rechte vorbehalten – Printed in Germany
© Verlag Herder Freiburg i. Br. 1992
Herstellung: Freiburger Graphische Betriebe 1992
Umschlaggestaltung: Joseph Pölzelbauer
Umschlagmotiv: Johannes Grützke, Komm setz dich zu uns! (1970),
Öl auf Leinwand, Privatsammlung Berlin (Ausschnitt).
Mit freundlicher Erlaubnis des Künstlers.
ISBN 3-451-04133-2

# Inhalt

# Einleitung

„Freie Fahrt: Sehr zum Unmut vieler Autofahrer gerieten Arbeiten zur Verkehrsberuhigung einer Straße in H.. Während die meisten maulend vor den Pollern wichen, kam einer durch: Mit gezückter Pistole verschaffte er sich freie Fahrt."[1]Ein Einzelfall – gewiß. Aber was hier einer in die Tat umsetzte, davon scheinen viele zu träumen: „Am liebsten würde ich denen die Fresse einschlagen, daß kein Zahnarzt der Welt dieses Gebiß je wieder sanieren kann", gibt eine sogenannte Durchschnittsfahrerin dem TÜV bei einer Untersuchung über Geschwindigkeit zu Protokoll. Und ein anderer „Durchschnittsfahrer" assistiert: „Am liebsten hätte ich in solchen Situationen (er meint einen Stau) eine Kanone auf dem Dach, um die LKW's und Stauverursacher abzuschießen." Doch auch dabei bleibt es häufig nicht: „An der nächsten Ampel habe ich mir diesen Raser dann zur Brust genommen und Prügel angedroht", meint ein dritter.

Was da nach Laramy-City klingt, geschieht täglich auf unseren Straßen und – wohl noch häufiger – in unserer Phantasie. Längst ist das vielzitierte Fahrvergnügen dem Zweikampf gewichen, gerät die Straße immer häufiger zur Arena des Showdown. Aus- und aufgerüstet mit gewaltigen Rammstangen und Spoilern, Scheinwerfern wie Raubtieraugen und Respekt einflößenden Breitreifen kommt das Auto der neunziger Jahre daher. Was zur Fortbewegung taugen soll, ist immer mehr Prestigeobjekt, Phallussymbol und Aggressionsventil, kleine Flucht aus dem grauen Alltag. Wir versuchen, den autoverpesteten Innenstädten zu entfliehen, Tod und Verletzung, Lärm und Gestank zu entrinnen – und zwar verrückterweise mit just dem Verursacher dieser Übel, mit dem

---

[1] Aachener Nachrichten, 14. 11. 1991.

Auto. Der Reihenhausbesitzer vor den Toren der Stadt entkommt des abends dem Autoverkehr – mit seinem Privatwagen. Der Familienausflug ins Grüne, raus aus der Unwirtlichkeit der City – geschieht mit dem Auto.

Die strenge Rationalität des Automobilgebrauchs hat es nie gegeben; war es anfangs das Gefährt verwegener Yuppies der Jahrhundertwende, so wurde es später zum Heilsversprechen der Nazis, die jedem Volksgenossen seinen Käfer versprachen – und keinen einzigen zivilen je auslieferten. [2] Auch heute ist das Auto oftmals zuallerletzt Fortbewegungsmittel, zuförderst aber Krücke der Seele, Illusion der Freiheit und Bestätigung eigener Größe. Denn im Auto werden wir zum Kind, das um die Ecke rast, zum jugendlichen Aufschneider, der die Mädchen beeindrucken will oder zum Imponierhengst auf der Autobahn. Die unbewußte Dimension des Automobilmißbrauchs entzieht sich bislang den Appellen der Verkehrserzieher und der Argumentationslogik öffentlicher Verkehrsmittel. Und weil es die Rationalität des Autos nie gegeben hat, lohnt es, seine eigene Logik, seine Psycho-Logik zu erforschen: Unsere geheime Liebschaft mit dem Auto und die Wünsche und Nöte, die es verkörpert.

Wie jede Liebschaft ruft es archaische Gefühle in uns hervor. Blitzschnell, wenn einer uns rechts überholt und wir ihm dafür den Vogel zeigen, geraten wir in Rage oder riskieren Zweikämpfe, als ob wir alle Desperados wären und keine Familienväter oder Menschen, die das Leben noch vor sich haben. Das Auto bestimmt immer mehr unser Leben, leert unseren Geldbeutel wie jede verbotene Liebe und ruiniert zudem unsere Gesundheit. Was also hat es mit dieser verrückten Leidenschaft auf sich, daß wir nicht von ihr loskommen und ihr scheinbar grenzenlos verfallen sind?

Ein Teil der Antwort liegt bereits in der Namenswahl: Auto-Mobil. „Auto" griech. „selbst" nennen wir den Selbstbeweger kurzerhand und verkürzen den Namen auf den, was seine Funktion angeht, augenscheinlich unwesentlicheren Teil. Eigentlich müß-

---

[2] Zur Geschichte des Automobils vgl. z. B. Sachs, W., 1984, Die Liebe zum Automobil, Rowohlt Verlag, Reinbek bei Hamburg.

ten wir es ja Mobil nennen, um sein Hauptmerkmal hervorzuheben, scheint das doch das Charakteristische, das dem Auto Wesentliche zu sein. Wir sagen wörtlich „wir fahren selbst", nicht etwa „wir fahren Beweger". Die Betonung des Personalen weist bereits auf ein alltägliches Phänomen hin, wenn nämlich Accessoires und Lackierungen das Auto, mehr aber wohl noch seinen Besitzer verschönern und aufmöbeln sollen, als ob es um das Selbst des Fahrers ginge und weniger um die Bewegung. Das Wort „Automobil" verbindet das Selbst mit der Fähigkeit zur Bewegung, zur Autonomie. Tatsächlich ist die Fähigkeit zur Bewegung, zur Unabhängigkeit ist nicht von der Entwicklung des Selbst zu trennen. Diese Verknüpfung von Narzißmus und Autonomie liefert Hinweise auf die Bedeutung unserer destruktiven Beziehung zum Automobil, die alleine durch „rationale" Momente nicht erklärt werden kann.

Der Idee jedenfalls, daß es den lernwilligen, rationalen Fahrer gibt, scheinen nur die Verkehrserzieher zu huldigen, Werbe- und Verkaufsexperten schlügen sich bei solchen Vorstellungen auf die Schenkel. Denn die unbewußte Bedeutung des Autos ist im wesentlichen durch folgende Bereiche bestimmt:

1. Die Entwicklungspsychologie von persönlicher Autonomie und Bewegungsfähigkeit.

2. Das Verhältnis zwischen Auto und Selbstwertgefühl (Narzißmus).

3. Die Beziehungsdimension, bzw. deren Fehlen im Straßenverkehr.

4. Die Triebkomponente: Aggression und Sexualität.

5. Die soziologische Bedeutung des Autogebrauchs oder -typs.

6. Die Ebene der Affekte.

7. Interaktionsphänomene. Straßenverkehr als Gruppengeschehen.

Um diese tiefenpsychologischen Dimensionen geht es in den folgenden Kapiteln, wie auch um mögliche Perspektiven bei Verkehrserziehung und verkehrspolitischen Alternativen.

# Die mörderische Realität auf unseren Straßen

Jedes Jahr sterben allein in den alten Bundesländern der Bundesrepublik Deutschland knapp 8.000 Menschen den Verkehrstod, und auf diesem Gebiet sind auch die neuen Länder mittlerweile Spitze: 1990 stieg die Zahl der dortigen Verkehrstoten um 76% auf 3140 und 1991 nocheinmal um 20% auf 3700. Zu 425.000 westdeutschen Verletzten kommen 88.000 ostdeutsche hinzu. Doch läßt uns diese halbe Million Verkehrsopfer merkwürdig unberührt. Ungefähr 50.000 Kinder verunglücken jährlich im Straßenverkehr, etwa 400 sterben. Seit Einführung der Verkehrsopferstatistik im Jahre 1953 zählte man in den alten Ländern 514.000 Verkehrstote. In dreißig Jahren wird also – mitten im Frieden – eine Großstadt wie Essen vollständig ausgerottet. Weltweit rechnet man in unserem Jahrzehnt mit 250.000 Verkehrstoten pro Jahr, in der Europäischen Gemeinschaft sind es jährlich ca. 50.000, hinzu kommen die Schwer- und Leichtverletzten, Verkrüppelten und lebenslänglich Entstellten: 1990 waren es 103.400 Schwer- und 344.800 Leichtverletzte in der alten BRD, 46.575 in der ehemaligen DDR, und in der EG sind es jedes Jahr etwa 1,2 Millionen.[1]

## Die Promillelüge

Bei mehr als einem Drittel, nämlich bei 40% aller Unfälle mit Todesfolge, stand – wiederum in der alten BRD – mindestens einer der Beteiligten unter Alkoholeinfluß[2]. Über 38.000 Alkoholun-

---

[1] Vgl. Verkehr in Zahlen 1991, hrsg. vom Bundesminister für Verkehr.
[2] Müller, A., 1992, Alkoholeinfluß als Ursache bei tödlichen Verkehrsunfällen: Stimmen die amtlichen Zahlen?, in: Blutalkohol, 29/1992.

fälle mit Personenschaden wurden 1990 registriert.[3] Hinzu kommen die unter Medikamenten und Drogeneinfluß (oder beidem bzw beidem plus Alkohol) stehenden Unfallbeteiligten.[4]

Die in den Westländern der Bundesrepublik geltende Promillegrenze von 0,8 Promille wird – entgegen landläufigen Annahmen – eben nicht bereits durch zwei oder drei Glas Bier erreicht. Wie realistische Trinkversuche zeigen, muß ein 75 Kilo schwerer Mann einen ganzen Liter Wein trinken, um entsprechend voll zu sein. Die „Promille-Lüge", wie sich der Psychologieprofessor Stephan ausdrückt, soll wohl verhindern, daß tatsächlich jener Liter Wein auch getrunken wird, bevor man sich ans Steuer setzt. So geht es tatsächlich weniger um trinkende Fahrer, sondern um fahrende Trinker: Im Durchschnitt liegt die Blutalkoholkonzentration bei betrunkenen Unfallfahrern bei 1,6 Promille, in Bayern bringt es ein Viertel sogar auf 2 bis 3 Promille.[5] Das Millionenheer bundesdeutscher Alkoholiker fordert im Straßenverkehr einen mörderischen Tribut. Die kollektiv verdrängte Dimension des Alkoholismus mit ihrer unerhörten Zahl an Opfern wird noch durch einen weiteren Trinkversuch deutlich. Nach einer guten Mahlzeit und anschließenden 1,2 Liter Bier erreichte keine der sieben Testpersonen mehr als 0,6 Promille.[6]

## Raserei

Die weitaus häufigste Ursache für Unfälle mit Personenschaden

---

[3] Aachener Nachrichten, 3. 9. 1991.
[4] Vgl. Müller, A., 1988, Medikamente, Drogen und Alkohol bei verkehrsunfallverletzten Fahrern. Bericht zum Forschungsprojekt 8004 der Bundesanstalt für Straßenwesen. In der Vielzahl der Fälle (75%) standen Unfallopfer – und nur über die gibt es gegenwärtig wenigstens einige gesicherte Erkenntnisse, jedoch kaum über Unfallverursacher – unter Alkoholeinfluß, wenn Blutuntersuchungen positiv verliefen. Weitere ca 10% hatten sowohl Alkohol als auch Drogen oder Medikamente genossen. Lediglich 15 % standen ausschließlich unter Drogen und/oder Medikamenteneinfluß. Dem Alkohol kommt demnach die größte Bedeutung zu.
[5] Der Spiegel, 12/1991.
[6] Ebenda.

ist mit 17% – nahezu konstant seit 30 Jahren – zu schnelles Fahren, in den neuen Ländern sogar 25%. Bei einer landesweiten Aktion in Nordrhein-Westfalen fuhren von 110.000 Fahrzeugen über 34.000 zu schnell durch Autobahnbaustellen, also jeder dritte Verkehrsteilnehmer. Und Raser sind darüberhinaus offensichtlich besonders unbelehrbar: Wiederum ein Drittel aller in Flensburg wegen Raserei registrierten Verkehrssünder wird rückfällig. Die Rückfallwahrscheinlichkeit ist bei Männern doppelt so hoch wie bei Frauen und bei Mehrfachtätern ebenfalls doppelt so hoch wie bei Ersttätern.[7] Rasen und Saufen, so scheint es, sind enorm resistente Unfallursachen, denen mit Bußgeldern und Pädagogik kaum beizukommen ist. Und auch die mögliche eigene Betroffenheit ist kein probates Mittel: selbst Eltern schulpflichtiger Kinder – so die nordrheinwestfälische Polizei über eine großangelegte Kontrollaktion vor Schulen – rasen durch die Tempo-30-Zonen.[8]

Von Politikern wird man in dieser Hinsicht auch nicht allzuviel erwarten dürfen. Nach einer Untersuchung der Zeitschrift Tempo halten sich Spitzenpolitiker am allerwenigsten an Geschwindigkeitsbegrenzungen. Wenigstens hier überragte Norbert Blüm seine Kollegen um Längen: er ließ gar einen Beamten seines Begleitschutzes maßregeln, als der sich weigerte, die ungesetzliche Raserei seines Ministers weiter mitzumachen.[9]

### Die Leidtragenden

Durch die Raster aller Statistiken des Grauens und des Leids aber fallen zwei besondere Gruppe, von denen niemand spricht, deren Größe aber immens sein muß: Gemeint sind zum einen die Überlebenden von Verkehrsunfällen, die Zeugen des Albtraums, die als einzige aus dem brennenden Fahrzeug entkamen oder ihre Eltern als Waisen überlebten, die ihren Ehepartner neben sich verlo-

---

[7] Frankfurter Rundschau 18. 12. 1991.
[8] Aachener Nachrichten v. 11. 9. 1991.
[9] Tempo, Heft 11/89, S. 76–83.

ren oder ihre Kinder sterben sahen. Von ihnen, die uns an den täglichen Schrecken gemahnen könnten, scheint niemand je zu sprechen, so als ob es sie nicht geben dürfte. Zum anderen die Gruppe deren, die – schuldhaft oder nicht – einen Unfall verursachten, Menschen in den Tod rissen, zu Krüppeln oder Hinterbliebenen machten. Angesichts der Zahlen der Toten und Verletzten müssen beide Gruppen nach zehntausenden zählen. Keine Statistik registriert sie. Es scheint, als ob sie nach Unfallaufnahme oder Gerichtsverhandlung spurlos verschwänden wie Unfallflüchtige. Wo bleiben sie mit ihren inneren Qualen, ihren Selbst- oder Fremdvorwürfen, ihren Schamgefühlen und nächtlichen Alpträumen? Wie verarbeiten sie das Geschehene, ob sie nun Opfer oder Täter waren? Das seelische Leid beider Gruppen muß unermeßlich sein – so groß, daß einzig kollektives Schweigen über sie und von ihnen bleibt. Nicht bloß, daß wir uns mörderische Straßenverhältnisse leisten, wir lassen die Leidtragenden dieser Verhältnisse, seien sie nun Verursacher oder Opfer, im Stich, wollen ihr Leid nicht bemerken, das im nächsten Augenblick auch unser eigenes sein könnte. Täter wie Opfer werden hier gleichermaßen zu Leidtragenden, ein Leid, für das es keinen Platz zu geben scheint, weil es zur Anklage gegen die Straßenverhältnisse würde, die wir alle mit verantworten.

## Zerstörerische Kraft

Neben den direkten Opfern, die das Auto alljährlich fordert, entfaltet es auch indirekt seine immense Destruktivität:
– Durch die von ihm ausgehende Lärmbelästigung: Lärm erleben 54% der Bundesbürger als Umweltproblem Nr. 1. [10] Und was noch schlimmer ist: an Lärm gewöhnt man sich nicht. Eher ist eine positive Rückkopplung zu erwarten: Wenn man Lärm erst einmal als störend empfindet, regt man sich auch mehr darüber auf, was wiederum die Gesundheit beeinträchtigt. Tatsächlich

---

[10] Bastian T., Theml H., 1990, Unsere wahnsinnige Liebe zum Auto, Weinheim und Basel, Beltz, S. 85.

belegen Studien, daß Verkehrslärm von Italienern im allgemeinen als weniger störend empfunden wird als zum Beispiel von Schweden, was auch physiologische Reaktionen unterschiedlich ausfallen läßt. So kommt sogar das Bundesgesundheitsamt zu dem Schluß, daß etwa zwei Prozent aller Herzinfarkte auf das Konto von Verkehrslärm gehen. [11] Da Lärm ein allgemeiner Stressor ist, führt er zu vielerlei Störungen, die ihrerseits wiederum weitere gesundheitliche Folgen haben. Die lärmbedingte Störung des Nachtschlafs zum Beispiel, an sich bereits eine schwere Beeinträchtigung, hat darüberhinaus sowohl somatische wie psychische Folgen, die bei Risikogruppen zum Ausbruch oder zur Verschlechterung bestehender Krankheiten führen können.

– Durch die von ihm emittierten Schadstoffe, die wesentlich für Umweltschäden und schwere Gesundheitsbeeinträchtigungen verantwortlich sind: Mittlerweile ist nicht nur gut belegt, daß Anwohner von Hauptverkehrsadern einem erhöhten Krebsrisiko ausgesetzt sind. Generell gelten die in Autoabgasen enthaltenen sogenannten polyzyklischen aromatischen Kohlenwasserstoffe als stark krebserregend. Weiters sind Blei, Stickoxide, Benzol, Kohlenmonoxid und Asbest für Mensch und Umwelt in vielfacher Weise gesundheitsschädlich. Betroffen sind die Atemorgane, z. B. mit chronischen Atemwegserkrankungen, die Blutbildung und der Bluttransport. Bei erhöhter Ozonkonzentration kommt es u.a. zu Schleimhautreizungen, bei Smog zu vermehrten Pseudokruppanfälle. Besonders gefährdet sind Kinder wegen der erhöhten Aufnahmebereitschaft ihres Organismus für toxische Stoffe, sowie alte und geschwächte Menschen, bei denen Smog zu einer Verschlechterung ohnehin beeinträchtigter Lungenfunktionen und einer Zunahme der Todesfälle führt. [12]

Prototyp für die Schädigung der Umwelt ist das Baumsterben, wesentlich durch die vom Auto emittierten Stickoxide mitbedingt. Irreparable Schäden an historischen Bauwerken sind mit

---

[11] Frankfurter Rundschau, 27. 9. 1991.
[12] Bastian, Theml, a. a. O. S. 83–105.

bloßem Auge erkennbar, ihre ständige Instandsetzung kostet die Volkswirtschaft immense Summen.

- Zu diesen Schäden kommen jene, die durch die Produktion und den Transport von Betriebsstoffen (also durch Raffinerien, Tankerkatastrophen usw.) entstehen, soweit sie anteilig das Auto betreffen.
- Durch die Herstellung von Kraftfahrzeugen, wie z. B. der enorme Wasser- und Energiebedarf, der bei der Produktion eines Wagens benötigt wird einerseits und
- Durch die mit der sogenannten Entsorgung der Altfahrzeuge entstehenden Umweltprobleme andererseits: Lediglich Pilotprojekte der Automobilbranche versuchen zum Beispiel Kühlergrills wiederzuverwenden. Das Gros an verarbeiteten Rohstoffen wird jedoch weiterhin auf herkömmliche Weise verschrottet und belastet die Umwelt. Zu diesen Lasten zählen auch die während des eigentlichen Betriebes entstehenden Abfälle, wie Altöl, Altreifen usw.
- Durch die Zerstörung von Natur und Wohnlandschaft durch Straßenbau. Der Siegeszug des Automobils ist zugleich der Niedergang unserer Städte und Landschaften, die Zerstörung und Zersiedelung von Natur und die Unwirtlichkeit der Citys.
- Durch die gewaltigen Rohstoffresourcen, die ihm jährlich geopfert werden und für deren Zugriff der Westen Kriege zu führen bereit ist, die weit mehr Todesopfer fordern, als die oben genannten Faktoren. Der Golfkrieg kostete bisher alleine etwa 100.000 Menschen das Leben, von anderen Schäden nicht zu sprechen. Doch wollen wir das – wohlerzogen von der Militärpsychologie – gar nicht so genau wissen. Allerdings könnte sich das bald ändern, wenn auch unsere eigenen Söhne in schnellen Eingreiftruppen ihr Leben lassen – gefallen im Kampf für heimisches Vollgas.

## Das Auto tötet die Stadt

Zwei Bereiche verdienen besonders hervorgehoben zu werden:
Die Zerstörung der Städte, besonders der Innenstädte, durch
das Auto greift immer mehr um sich. Die Stadtflucht mit dem
Verursacher des Übels, nämlich dem Auto, ist eine paradoxe Konsequenz dieser Entwicklung.

Alle europäischen Metropolen stöhnen unter den täglichen
und mittlerweile auch nächtlichen Blechlawinen, ohne daß Abhilfe in Sicht wäre. „Das Auto tötet die Stadt", meint die französische Zeitschrift „Le Point", und in der Tat: Die Vision von
unterirdischen Verkehrsadern, die die französische Hauptstadt
entlasten und die gegenwärtige Durchschnittsgeschwindigkeit
von 15 km/h verbessern sollen, könnte sich in einen Alptraum
verwandeln: Wenn nämlich stattdessen noch mehr Autos angelockt werden, deren unterirdische Abgase durch Abluftschächte
von der Höhe eines fünfstöckigen Hauses ins Freie gelangen, während in 50 Meter Tiefe bei Stau Panik auszubrechen droht. Auch
in Madrid muß man sich mit einer Durchschnittsgeschwindigkeit
von 14 km/h begnügen, und der Bau von riesigen Tiefgaragen
scheint die Verkehrsdichte noch verschärft zu haben. Den Athenern werden diese Verhältnisse noch paradiesisch erscheinen,
wenn sie sich mit gerade einmal 7 km/h durch ihre allzuhäufig
smogverpestete Stadt quälen, dem Recht des Stärkeren folgend,
bis gelegentlich ein Fahrverbot für den Innenstadtring verhängt
wird, während bereits hunderte mit Herz-Kreislaufbeschwerden,
Übelkeit und anderen Gesundheitsproblemen die Krankenhäuser
aufsuchen. Nicht viel anders oder gar schlimmer ist es in Tokio
oder Mexiko-City, in Moskau oder Berlin. Auch das morgendliche Fahren in Amsterdam kann leicht zum Abenteuer werden,
wenn man nicht, wie inzwischen etwa ein Drittel der Erwachsenen, mit dem Fahrrad zur Arbeit fährt. Nicht unbedingt mit dem
eigenen übrigens, denn jedes dritte niederländische Fahrrad
macht seinem eigentlichen Besitzer keine Freude mehr – es ist geklaut.

Von 100 Personen, die die City aufsuchen, wählen 57 das Auto,
um ihr Ziel zu erreichen, nur 19 kommen mit öffentlichen Ver-

kehrsmitteln, 18 kommen zu Fuß, 6 mit dem Fahrrad und einer mit Mofa oder Motorrad. [13]

*Abbildung 1: Die Mehrheit nimmt das Auto. FR 6. 11. 1991*

Immer mehr Menschen werden durch steigende Mieten und Immobilienspekulation aus den Städten verdrängt, müssen immer weitere Wege zu Arbeitsplatz und City zurücklegen – allzuoft mit dem Auto. Die mit dem PKW innerstädtisch gefahrenen Strecken sind zu 26% unter 1 Kilometer, zu 51% unter 3 Kilometern! Die Unwirtlichkeit unserer Städte wird unerträglich, doch der Widerstand von Geschäftswelt wie Autofahrern gegen auto-

---

[13] Frankfurter Rundschau, 6. 11. 1991.

freie Citys oder verkehrsberuhigte Innenstädte bleibt. Als im Jahre 1991 in Aachen ein Modellversuch begann, samstags einen kleinen Citybereich für den Verkehr zu sperren, behauptete allen Ernstes ein Juwelier, seiner Kundschaft sei es nicht zuzumuten, den gekauften Schmuck bis ins Parkhaus zu schleppen; die Kunden würden jetzt kaufen, wo sie vor der Tür parken könnten. Und der Besitzer der Düsseldorfer Kö-Passage wendete sich per Annonce an die Aachener Autofahrer, doch besser 80 Kilometer zu ihm zu fahren, als sich der Zumutung einer Busfahrt in die eigene Innenstadt zu unterziehen. Längst sind Städte nach dem Auto geplant und verbaut, und ihre Resozialisierung wird oft genug als Zumutung erlebt. Erst in jüngster Zeit finden die Bedürfnisse der Bewohner erneut Beachtung, wenn autofreie Citys und verkehrsberuhigte Zonen wieder die Möglichkeit bieten, Städte zu bewohnen, statt bloß vor ihnen die Flucht zu ergreifen. Doch jahrzehntelanges Denken in Verkehrsoptimierung – und Verkehr hieß allemal Individualverkehr – hat Strukturen zerstört, die auf das Leben der Bewohner zugeschnitten waren, um an ihrer Stelle Schneisen durch Zentren und Wohnbereiche zu schlagen, die gefahrlos zu überqueren kaum möglich ist. Natürlichen Grenzen gleich unterteilen sie gewachsene Viertel, werden zur psychologischen Schwelle. Stadt- und Verkehrsplanung waren im Nachkriegsdeutschland allzuoft identisch mit der Optimierung von Straßenverkehr, der Wegrationalisierung öffentlicher Verkehrsmittel, die sich dann erst recht als unattraktiv erwiesen und damit zum weiteren Autogebrauch herausforderten. Die Qualifikation zum Stadtplaner schien seinerzeit mit der Befähigung zum Führen einer Planierraupe erreicht.

Auf dem Höhepunkt dieser Entwicklung brachte man 1970 dem Fetisch Auto 19193 menschliche Opfer. In einem beispiellosen Straßenbauboom stieg die Länge öffentlicher Straßen in den 15 Jahren von 1960 bis Mitte der siebziger Jahre um etwa 33.000 Kilometer an, in den folgenden 15 Jahren aber nur noch um etwa 6.000 Kilometer. Die Asphaltierung von Landschaft und Städten, von Wohn- und Lebensraum mit dem alleinigen Ziel, dem Auto freie Bahn zu verschaffen, kommt auch einer Betonierung von Seelen, von Lebensqualität und Begegnungsmöglichkeiten gleich.

Die rücksichtslose Huldigung an den Götzen Auto machte die Straße zum alleinigen Besitz des Autos, hat andere, schwächere Verkehrsteilnehmer verdrängt und degradiert den Lebensraum Straße zur schnieken Ausnahme autofreier Zonen. Derweil plant die EG, in den kommenden 10 Jahren weitere 12.000 Autobahnkilometer zu bauen, als gäbe es all die Probleme nicht.[14] Das Gedränge auf unseren Straßen wird künftig sogar noch größer werden, wie Abbildung 2. zeigt:

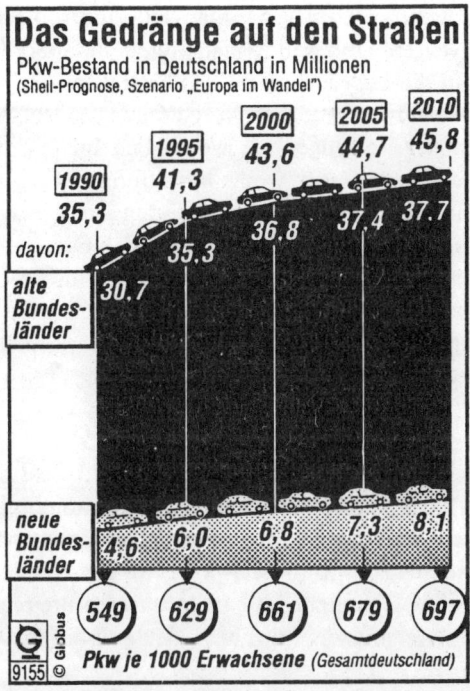

*Abbildung 2: Das Gedränge auf unseren Straßen, FR 3. 2. 1992*

Und eben das hat mit grimmiger Logik fatale Konsequenzen: Weil das Auto den Menschen als Verkehrsteilnehmer so bedroht

---

[14] Frankfurter Rundschau 12. 6. 1992.

und verdrängt, und weil es die Städte verpestet, benutzt man es, um sich vor ihm zu schützen oder ihm zu entkommen. Nicht bloß, daß ich mich seiner bediene, um im Grünen die „gute Luft" zu genießen, nachdem ich sie vorher durch mein Fahren verqualmte. Ich benutze es auch, weil mir (zu recht) Fahrradfahren in den Innenstädten als hasardeurhaft erscheint; ich fahre los, um meinem Sohn den gleichfalls gefährlichen Schulweg zu ersparen oder meine Frau abends spät vom Volkshochschulkurs abzuholen, da ein Zufußgehen durch die menschenleere City unzumutbar erscheint, von den sogenannten Fußgängerunterführungen ganz zu schweigen. Und weil deshalb immer mehr Straßen gebaut wurden, und die Fußgängerwege so unattraktiv sind, wähle ich gleichfalls wieder das Auto als Fortbewegungsmittel. Schließlich habe ich in der Vergangenheit womöglich im Supermarkt am Rande der Stadt eingekauft, weshalb ich nun gezwungen bin, dort einzukaufen, weil der Tante-Emma-Laden um die Ecke wegen meines Fahr- und Kaufverhaltens Pleite ging. Ohne es zu bemerken, drehen wir die Spirale immer schneller; das Auto bedingt sich quasi selbst. Es ist, als ob jemand zur Flasche greift, um nicht bemerken zu müssen, daß er trinkt.

## Die alltägliche Leugnung

Was einem da als verrückt erscheinen mag, gehorcht doch seiner eigenen Logik und oftmals psychologischen Gesetzmäßigkeiten. Unser Verhältnis zum Auto ist in wesentlichen Bereichen irrationaler Art. Keine Gefahrenquelle ist in unseren Breitengraden bekannt, der wir mit der gleichen „belle indifference"[15], mit

---

[15] Der Begriff der „belle indifference" wurde von dem französischen Psychiater Jean-Martin Charcot (1825–1893) geprägt. Gemeint ist, daß bei dramatischen Symptomen, z. B. Lähmung von Gliedmaßen, mit denen der Patient vorstellig wird, dieser keineswegs über seinen Zustand beunruhigt scheint, sondern die Beeinträchtigung mit dem so bezeichneten „schönem Gleichmut" zu ertragen bereit ist, was in eklatantem Gegensatz zur Schwere der Symptome steht (vgl. z. B. Fenichel O., 1931/1989, Hysterien und Zwangsneurosen, Darmstadt, Wissenschaftliche Buchgesellschaft).

vergleichbarem affektiven Gleichmut begegneten. Lediglich AIDS wird – allerdings vornehmlich in Afrika und Asien – hinsichtlich der Opfer etwa die gleiche Größenordnung erreichen wie das Auto, welches seit seiner Erfindung schätzungsweise 25 Millionen Tote forderte. Das Auto löst aber keineswegs die hysterische Panik aus, wie vor einigen Jahren AIDS (eine große deutsche Illustrierte schmierte auf ihrem Titelblatt „Jeder vierte der das liest, hat AIDS"). Dabei kennt die Seuche Verkehrstod weder besondere Risikogruppen, noch findet das Sterben irgendwo weit weg statt. Die Maßstäbe zwischen kollektiver Bewertung der Unfallopfer und ihrer tatsächlichen Größenordnung stehen in einem unerhörtem Mißverhältnis: Tatsächlich sind diese Fakten bekannt, jedem zugänglich und jederzeit nachlesbar. Sie stehen täglich in der Zeitung, werden uns drastisch vor Augen geführt und doch nicht eigentlich zur Kenntnis genommen. Dies ist das eigentlich Verblüffende oder Erschreckende: Wir wissen das alles und tun so, als ob wir es nicht wüßten oder als ob das uns Bekannte keinerlei Bedeutung habe. Dieses Phänomen nennt man psychoanalytisch Leugnung.

Die Leugnung der vom Auto ausgehenden Gefahr kommt auch in den Unterlassungen verkehrspolitischer Maßnahmen zum Ausdruck, die die Zahl der Opfer unter den gegebenen Umständen reduzieren könnten, wenn sie denn konsequent angewendet würden: Der rücksichtslosen Raserei auf deutschen Straßen standen 1989 lediglich 600 Radarmeßgeräte gegenüber, die Wahrscheinlichkeit von der Polizei kontrolliert zu werden, beläuft sich auf einmal pro 30.000 Kilometer. (Entsprechend ist die Chance, betrunken am Steuer erwischt zu werden, lächerlich gering, nämlich 1:300–400, manchen Schätzungen zu Folge sogar 1:600 ). [16]

---

[16] Vgl. Bastian, Theml, a.a.O. S. 72 f. Ich werde gelegentlich von sogenannten „Alkoholsündern", also Autofahrern, die ihren Führerschein wegen Trunkenheit verloren haben, aufgesucht, mit der Bitte, doch ein Gegengutachten zum TÜV zu erstellen. In den Interviews geben die Betreffenden regelmäßig vor, grundsätzlich keinen Alkohol am Steuer zu trinken, lediglich jenes eine Mal, als sie erwischt wurden... Da es sich bei den Betreffenden grundsätzlich um Wiederholungstäter handelt und die Wahrscheinlichkeit, in betrunkenem Zustand in eine Alkoholkontrolle zu geraten, hoch ge-

Das Rasen auf bundesdeutschen Autobahnen, Massenkarambolagen im Nebel, erschreckende Mängel bei LKW's, dies alles wird in seiner Bedeutung kaum zur Kenntnis genommen und hinsichtlich seiner Dimensionen in nachgerade läppischer Weise behandelt.

Augenscheinlichster Beweis eines irrationalen Automobilgebrauchs ist die beharrliche Weigerung der Deutschen, ein Tempolimit einzuführen. Wider besseres Wissen wird behauptet, daß eine Geschwindigkeitsbegrenzung auf deutschen Autobahnen zu mehr Unfällen führe oder daß hierdurch gar die Grundrechte („Freie Fahrt für freie Bürger") beschnitten würden. Der Zynismus, mit dem hier Freiheit mit Verkehrstoten gleichgesetzt wird, meint die Freiheit der Unverantwortlichkeit: Der berühmte bessere Verkehrsfluß, der immer wieder heraufbeschworen wird, kann nur erzielt werden, wenn gerade bei höheren Geschwindigkeiten der Sicherheitsabstand suizidal vernachlässigt wird. Denn folgt man dem vom ADAC empfohlenen Sicherheitsabstand „halber Tacho", passen auf einen Kilometer Autobahn bei zunehmender Geschwindigkeit immer weniger PKW. Die Folge kann jeder täglich auf der Autobahn beobachten: hohe Geschwindigkeiten und niedrige Abstände. Werden Tempolimits eingeführt und diese auch durchgesetzt, so lassen sich die Ergebnisse sehen: Als auf der rheinlandpfälzischen A 61 eine Geschwindigkeitsbegrenzung von 130 km/h eingeführt wurde, sank die Unfallrate um bis zu 32 Prozent.[17]

## Wirtschaftsfaktor Auto

Das Auto stellt für die automobilproduzierenden Deutschen einen gewaltigen Wirtschaftsfaktor dar: Etwa 780.000 Beschäf-

---

schätzt 1/300 ist, muß der Betreffende mindestens 600 Alkoholfahrten unternehmen, um wiederholt auffällig zu werden. Das Ausmaß der Leugnung beim einzelnen Täter entspricht offensichtlich dem gesellschaftlichen Leugnungspotential gegenüber dem mörderischen Geschehen auf unseren Straßen.

[17] Frankfurter Rundschau, 4. 1. 1992.

tigte stellten 1991 mehr als 5 Millionen Automobile her. Direkt oder indirekt sind mehr als 2 Millionen Erwerbstätige vom Automobilsektor abhängig, das heißt mehr als 16% aller Erwerbstätigen überhaupt. Was Wunder, daß das Auto nicht nur der Industrie liebstes Kind ist. Der Ausstoß von Millionen PKW und Nutzfahrzeugen läßt es dann auch eng werden auf deutschen Straßen: Insgesamt verfügten die Deutschen 1991 über 41 Milionen Kraftfahrzeuge, was einer Kraftwagendichte von 513 Fahrzeugen auf Tausend Einwohner (inklusive Säuglinge und Greise) entspricht. [18]

Diesen zweifellos gewaltigen wirtschaftlichen Interessen, steht die

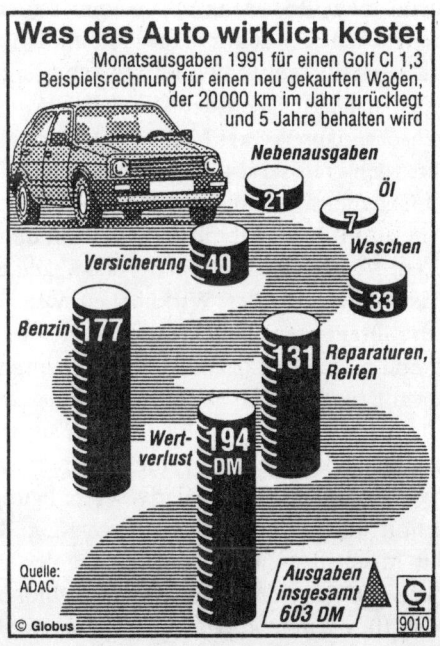

*Abbildung 3: Was das Auto wirklich kostet: ADAC, nach Süddeutsche 2. 7. 91*

---

[18] VDA-Presedienst Nr. 3 vom 29. 1. 1992 und Dieckmann, A., 1985, Die Automobilindustrie in Deutschland, Deutscher Instituts Verlag, Köln.

langfristige volkswirtschaftliche Unwirtschaftlichkeit und Irrationalität des Autos gegenüber. Denn irrational sind die enormen Kosten für den Autogebrauch auf allen nur denkbaren Ebenen:

Über 10 Prozent seines Nettoverdienstes gibt der durchschnittliche Arbeitnehmer noch immer direkt für sein Auto aus. Will er sich z. B. einen neuen Golf Cl 1,3 leisten und während 5 Jahren Nutzung 20.000 km im Jahr fahren, muß er sogar ein Drittel seines verfügbaren Einkommens berappen, nämlich 603 DM.[19] In der automobilen Mittelklasse kostet der gefahrene Kilometer – Abschreibung mitgerechnet – mittlerweile mindestens eine Mark, Tendenz steigend.[20]

Billiger nämlich ist das Auto seit seiner Erfindung zwar nicht geworden, aber im Verhältnis zur Entwicklung der Löhne können sich zunehmend mehr Personengruppen immer mehr Auto leisten. Unter dem Strich aber konnten die Einkommen der Preisentwicklung nicht standhalten. In den letzten zehn Jahren nämlich verdoppelte sich nach Angaben der Deutschen Automobilindustrie der Durchschnittspreis eines Neuwagens. Darum kann kaum noch ein Käufer den Preis seines Wagens bar auf den Tisch legen, wie VW-Chef Goeudevert einmal sagte.[21] Die Kreditgeschäfte der herstellereigenen Autobanken blühen. Dennoch: der alte Traum der Nazis, jedem Volksgenossen seinen Volkswagen bereitstellen zu können, ist heute von der Wirklichkeit weit übertroffen. Heckspoiler und Breitreifen, 16-Ventiler und Stereoanlage, Four-Wheel-Drive und Metalliclackierung – die Verheißung aus Blech und Chrom zählt heute nicht mehr zum Luxus einer adeligen Oberklasse; sie ist selbstverständlicher Teil des automobilen Alltags des Durchschnittsbürgers geworden. Der beispiellose Siegeszug des Automobils hatte seine relative Verbilligung gegenüber dem Durchschnittseinkommen zur Voraussetzung: Beliefen sich die Kosten für Anschaffung und Unterhaltung des eigenen fahrbaren Untersatzes 1965 noch auf 16% des Nettolohnes (und damit 2% mehr als für die monatliche Miete) waren es zu Beginn der neunziger Jahre nur noch knapp 11% (gegenüber inzwischen 20%

[19] Süddeutsche Zeitung 2.7. und 10. 7. 1991.
[20] Frankfurter Rundschau 16. 5. 1992.
[21] Süddeutsche Zeitung 17. 3. 1992.

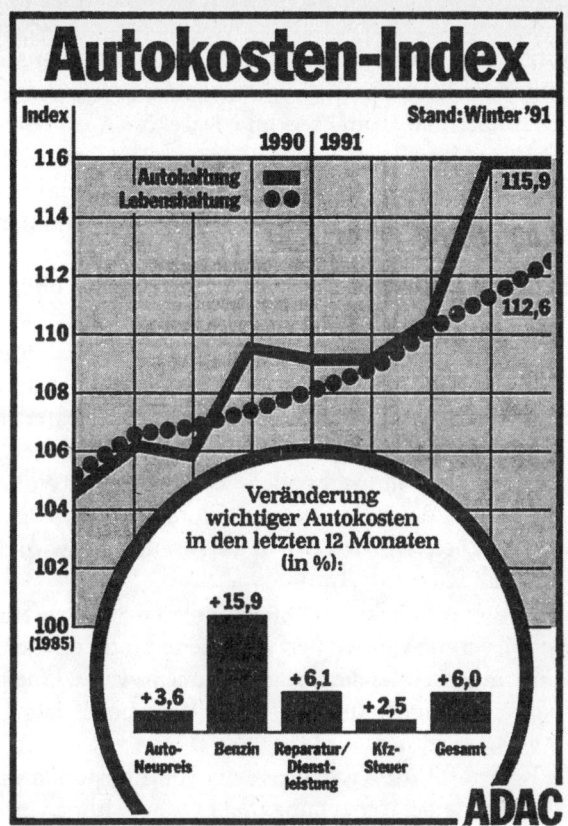

*Abbildung 4: Autokostenindex: ADAC Motorwelt 3/92*

Ausgaben für die Mietwohnung).[22] Wenn man sich also schon keine chice Wohnung oder gar das traute Eigenheim leisten kann, so mag der Ersatz auf vier Rädern tröstlich erscheinen (was vielleicht auch einen Teil der Wohnzimmeratmosphäre mancher Autoeinrichtungen mitbedingt). Ähnlich im Osten: Nach Wiedervereinigung und Währungsunion kauften sich erstmal über 40% der Ostdeutschen ein anderes Auto.[23]

---

[22] Verkehr in Zahlen 1991, 413ff.
[23] Frankfurter Rundschau, 25. 1. 1992.

Volkswirtschaftlich gesehen ist der gegenwärtige Gebrauch des Autos allerdings eine gigantische Fehlinvestition, wenn man neben den unmittelbaren Kosten für Straßenbau und andere direkte Leistungen auch die indirekten und Folgekosten mitberechnet:

– die Kosten für Pflege und Betreuung der Verletzten, der Hinterbliebenen, der zusätzlichen Krebstoten und der Lärmgeschädigten; sowie für Arbeits- und Verdienstausfälle infolge gesundheitlicher Schädigungen durch das Auto;

– die Kosten für den Bau und die Unterhaltung von Straßennetzen und Verkehrsanlagen;

– die Kosten der Umweltzerstörung, für das Aufforsten geschädigter oder zerstörter Wälder und den Umsatzverlust der Holzwirtschaft wegen minderwertiger oder nicht verwertbarer Hölzer; sowie für die infolge Waldsterbens durch Erosion verlorengehenden Böden und die damit verbundene Zerstörung von Wohn- und Kulturlandschaft; die Kosten für z. B. durch Blei verseuchte Böden und nicht verwertbare oder minderwertige landwirtschaftliche Produkte;

– die Kosten für die künftig unabdingbaren Stadtsanierungen, die Resozialisierung von Straßen und Vierteln und die Reurbanisierung der Innenstädte; die Instandhaltung bzw. die Erneuerung von Kunst- und Baudenkmälern, deren Wert unwiederbringlich durch Abgase zerfressen wird;

– die Kosten für die Verschwendung von Rohstoffen und die Umweltbelastung bei Herstellung und Instandhaltung von Kraftfahrzeugen;

– die Kosten für die Entsorgung von Altfahrzeugen, von Altölen und den bei ihrer Verbrennung entstehenden Dioxinen; für die Stillegung oder Sanierung herkömmlicher, jetzt noch betriebener oder inzwischen stillgelegter Schrottplätze;

– die Kosten für die unwiederbringliche, rücksichtslose Rohstoffausbeutung, insbesondere fossiler Brennstoffe, die künftigen Generationen nicht mehr zur Verfügung stehen werden, so daß daher für die Nutzung und Erforschung anderer Energiequellen weitere Kosten entstehen.

Kurz, wenn man all jene Kostenfaktoren, die aus Nutzung, Produktion und Entsorgung von Automobilen insgesamt volkswirtschaftlich entstehen, betrachtet, findet jede Wirtschaftlichkeit und Rationalität ihr Ende, weshalb sie erst gar nicht in die sogenannte Kalkulation miteinbezogen werden (ähnlich wie bei der zivilen Nutzung von Kernernergie, die ja auch die Belastung für 30.000 Jahre Endlagerung abgebrannter Brennstäbe den komenden Generationen überläßt). All diese Aufwendungen sind zu jenen 603 DM hinzuzurechnen, wenn man den tatsächlich entstehenden Preis für den Betrieb eines Golf ermitteln wollte. Doch das will einstweilen niemand. Es ist, als ob sich jemand beruhige, daß der Preis seiner Zigarette etwa 10 Pfennige nicht übersteige, die glühende Kippe dann aber achtlos in einen Heuschober wirft.

Das private Auto ist der hervorragendste Vertreter des Individualverkehrs. Anders als bei öffentlichen Verkehrsmitteln, wähnt sich der Fahrer im Glauben, buchstäblich selbst sein Schicksal lenken zu können, statt die Kontrolle an einen anderen abgeben zu müssen. Diese Illusion individueller Autarkie unterscheidet den privaten Automobilgebrauch von der Benutzung öffentlicher Verkehrsmittel und bestimmt wesentlich die Rationalisierungen ihrer Wahl (Flugangst, dreckige, verspätete Züge usw.).

So dient uns das Auto weniger zur nüchternen Beförderung von einem Ort zum nächsten, als vielmehr als Vehikel der Seele, das uns in Geschwindigkeitsrausch katapultiert oder in eine Stimmung von Allmacht und Freiheit versetzt; allemal aber ist es das Gerät, das uns wie kein anderes die kleine Flucht aus dem grauen Alltag erlaubt in Urlaub oder Wochenende, bei Ausflug oder Spritztour, oder eben bloß einen Moment des Ausstiegs. Die Logik des Automobilgebrauchs ist durch die Rationalität bewußter Entscheidungsprozesse allein nicht erklärbar, sie besitzt vielmehr eine andere, eine Psycho-Logik, deren Erforschung die folgenden Abschnitte dienen. [24]

---

[24] Die Aspekte des gewerblichen nicht-öffentlichen Verkehrs und ihrer Rechtfertigungsideologie (Go-West-Fernfahrer-Dusel) können hier leider nicht untersucht werden.

# Narzißmus und Autonomie

## Explosion gestauter Gefühle

Alltag auf bundesdeutschen Autobahnen: Bei dichtem Verkehr mit Kolonnenfahrt bemerkt ein Autofahrer auf der Überholspur, wie ihn jemand rechts zu überholen versucht. Voller Erregung, aber immerhin mit dem Gefühl, das Recht auf seiner Seite zu haben, schließt der erste Autofahrer dicht auf seinen Vordermann auf, um das Manöver zu verhindern. Für sein vermeintlich gutes Recht ist ihm jedes Mittel recht: Der Sicherheitsabstand muß in diesem „Zweikampf" als erster dran glauben, trotzdem wird sein Kontrahent womöglich rücksichtslos vor ihm in die Fahrspur zu kommen versuchen. Zwei erwachsene Menschen riskieren für ca. 5 Meter Raum und ein bis zwei Sekunden Vorsprung ihr eigenes Leben und das nachfolgender Verkehrsteilnehmer. Offensichtlich spielen psychologische Motive die entscheidene Rolle für das Zustandekommen dieser gefährlichen Situation.

Könnte man – wie der TÜV Rheinland in seiner Untersuchung – die beiden fragen, was um Himmels willen sie bewogen haben mag, sich so zu verhalten, wie würden sie antworten? Hier einige vom TÜV interviewte Fahrerinnen und Fahrer, die über Autobahnfahrten sprechen:

Eine Langsamfahrerin: „Wenn einer zu dicht auffährt, greife ich zu Erziehungsmaßnahmen…"

„Wenn ich bedrängelt werde, da gibt es einen kleinen Trick: auf die Bremse tippen."

„Ich fahre dann mit dem Fuß auf der Ablage."

Eine Durchschnittsfahrerin: „Wenn so ein Raser von hinten kommt, bekomme ich totalen Haß. Ich werde dann zum Tier. Ich will den am liebsten zur 'Sau machen'."

Neben der Wut über den vermeintlich oder tatsächlich rücksichtslosen Gegner, fühlen sich die „Opfer" hilflos und gedemütigt:

„Es ist beschämend, plötzlich schwach dazustehen, zu versagen, andere in ihrem Fortkommen zu behindern."

Das Bedürfnis nach Zugehörigkeit und Anerkennung wird frustriert: „Wenn man auf der Autobahn bedrängelt wird, wird einem gezeigt, daß man nicht dazugehört."

Gewaltphantasien tauchen auf:

„Ich habe dann Angst, die Kontrolle über das Auto zu verlieren, ich denke dann an durchdrehende Räder, zerbrochene Windschutzscheiben und blutüberströmte Köpfe."

„Am liebsten würde ich denen die Fresse so einschlagen, daß kein Zahnarzt der Welt dieses Gebiß je wieder sanieren kann."

Umgekehrt betonen die Raser den Rausch der Geschwindigkeit und fühlen sich großartig – solange sie nicht behindert werden:

„Fahren bei 200 km/h ist ein Rausch, ein Hochgenuß…"

„Ich gerate in einen Geschwindigkeitsrausch, da fange ich an, nur noch zu kichern."

„Meine Devise ist: ständig Vollgas, wenn die Verhältnisse es zulassen."

„180 km/h sind ganz normal, und dann ist vor einem ein Idiot, solche Leute gehören wirklich von der Straße."

Größenphantasien und Elitebewußtsein zeigen sich ungeniert:

„Wer im Leben keine Steuern zahlt, sollte von der Überholspur verbannt werden, weil er die behindert, die ihn am Leben halten."

„Man wäre am liebsten James Bond und würde mit eisernen Fäusten und Maschinengewehren in die Lüfte abheben."

Kein Zweifel, der eben beschriebenen Zweikampf entscheidet weniger über Meter und Sekunden, als über Sieg oder Niederlage, oben oder unten – des Selbstwertgefühls. Wenn das vermeintliche Opfer sich den automobilen Angriff nicht gefallen lassen möchte und seinem Kontrahenten zeigen will, daß er mit solchem Verhalten nicht durchkommt, so wohl weniger aus pädagogischen Gründen als aus innerer Not: Neid erfaßt den, der zusehen muß, wie andere tun, was man selbst lassen muß. „Das Gute, dieser Satz steht fest, ist stets das Böse, das man läßt", spottete Wilhelm

Busch über die Wut der Gerechten, die sich versagen, was sie vielleicht doch ganz gerne möchten. Der Neid derer, die auf das Ausleben ihrer Impulse gerade mal verzichten, ist ein wesentlicher Grund für ihre reaktive Wut. Denn jene zwei Meter Vorsprung können kaum Motiv für die beinahe schrankenlose Aggression sein, die Schnellfahrer ihrerseits auslösen. Vielmehr nehmen wir dem Gesetzesbrecher besonders übel, daß er tut, worauf wir unter Schmerzen zu verzichten gelernt haben. Und tatsächlich gestaltet sich die Autobahn immer öfter zum scheinbar rechtsfreien Raum. In Nordrheinwestfalen zum Beispiel kippen Autofahrer alljährlich 11.000 Tonnen Müll wild auf Rastplätze und Seitenstreifen – die sonst üblichen Gesetze und Normen, Regeln und Schranken gelten auf der Straße nicht mehr. [1]

Doch gibt es noch mehr Grund für blutige Köpfe und Fresseeinschlagen: Die Demütigung, daß mit einem geschieht, was man nicht will, daß man vor den Augen anderer Verkehrsteilnehmer zum willfährigen Opfer, zum Objekt des Rechtsüberholers herabgewürdigt wird. Diese Scham verwandelt sich allzuschnell in übergroße Wut:

„Es packt mich die Wut, wenn man erlebt und erleidet, wie andere voll draufhalten, man selber als Hindernis behandelt wird."

Rechts überholt fühlt man sich persönlich herabgesetzt, in seinem Narzißmus gekränkt, als ob das Selbstwertgefühl vom Ausgang des Zweikampfes abzuhängen schiene. Die Anzahl der Zuschauer steigert dabei noch die Schmähung (mit dem kann man's machen). [2] Die Beziehung zwischen Täter und Opfer ist durch Machtkampf und heftige Rivalität gekennzeichnet, es geht um das Selbst, um die eigene Person – und da scheint beinahe jedes Mittel recht.

Und wie die Zitate der sogenannten Durchschnittsfahrer bereits nahelegen: Brave Mütter und biedere Beamte erleiden einen

---

[1] Aachener Nachrichten 3. 6. 1992.
[2] Zur Verwandlung von Scham in heftige Wut siehe: Bastian, T., Hilgers, M., 1990, Kain – Die Trennung von Scham und Schuld am Beispiel der Genesis, Psyche 44, S. 1100–1112.

Kontrollverlust, sie erleben Affekte in einem Ausmaß, wie sie sie vermutlich andernorts so nicht – wenn überhaupt – äußern würden. Dem Geschwindigkeitsrausch folgt auf dem Fuße der Rausch der Affekte schlechthin. Auch dies hat den Charakter der großen Freiheit, des normenfreien Raumes, innerer Anarchie für Normalbürger. Der Vollrausch der Gefühle wirkt wie ein Kick im grauen Alltag, Urlaub von den Zwängen äußerer und innerer Gebote: „Im übrigen braucht man sowieso keine Begrenzungen, weil man nicht nach Gebot und Tacho, sondern nach dem Gefühl fährt."

Die Raser der TÜV-Studie geben die Lustkomponente ihres Tuns unumwunden zu. Sie fühlen sich als Elite, Allmachtsgefühle treten an die Stelle eines erwachsenen Ichs. Diese Regression des Ichs, nämlich sein zeitweiliger Rückfall in infantile Erlebnis- und Verhaltensweisen zeigt sich ungeschminkt in den zitierten Stimmen.

„Geschwindigkeit ist wie LSD, es regt zu größenwahnartigen Phantasien an."

„Es ist wie ein Rausch, ich erzähle dann total viel, bin besonders gut gelaunt und völlig überdreht und schließlich meine ich, daß ich der Schnellste und der Größte wäre."

„Man ist wie in einer anderen Welt, in einer anderen Dimension, in der man unverletzbar und unsterblich ist. Es scheint, daß das Auto alles selber macht."

Und einem regredierten Ich gelten andere als bloße Behinderung, als Störung bei der grenzenlosen, lustbetonten Entfaltung, sie müssen weg:

„Am liebsten hätte ich in solchen Sitationen eine Kanone auf dem Dach, um die LKW's und Stauverursacher abzuschießen."[3]

---

[3] Alle Zitate aus: Becker, S., Herberg, K.-W., 1990, Untersuchung von Motiven für die Geschwindigkeitswahl unter besonderer Berücksichtigung des Konkurrenzaspektes, TÜV Rheinland, Institut für Verkehrssicherheit, im folgenden kurz TÜV genannt. Bereits in den siebziger Jahren untersuchte das Psychologenteam Berger, Bliersbach und Dellen mittels sogenannter Tiefeninterviews Autofahrer hinsichtlich ihres Erlebens von Straßenverkehr, ihrer Fahrformen und ihrer sozialen Konflikte mit anderen Verkehrsteilnehmern. Dabei kam man zu ganz ähnlichen Ergebnissen wie die gegenwärtig viel beachtete TÜV-Studie. Und das entkräftet auch das beschwichtigende Argument des Deutschen Verkehrssicherheitsrates, ihre beim TÜV in Auftrag

Doch damit ist der Spaß noch keineswegs vorbei. Was einem in Beruf und Freizeit nie gelingen mag, die Autobahn macht's möglich: die soziale Rollenumkehr. Als Fahrer eines sportlichen Kleinwagens und kleiner Angestellter zieht man rechts an seinem potentiellen Chef und dessen wesentlich teureren Fahrzeug vorbei – was im Berufsleben in den seltensten Fällen gelingt. Betörend-berauschend wirkt die Leichtigkeit des sozialen Überholmanövers. Ein leichtes Antippen, und man gleitet am gehaßten Konkurrenten vorbei, ohne die Mühen und Anstrengungen der Realität. Daß solcherart ausgelebte Phantasien dem Autobahnkarrieristen einen nicht zu unterschätzenden Lustgewinn bringen, den man sich nicht durch Tempo 100 und ökologische Vernunft vermiesen lassen will, wen wundert's.

So verhalten sich die Kämpen, als ob das Auto Teil ihres Bewegungsapparates sei („es scheint, daß das Auto alles selber macht"), Fahrer und Fahrzeug werden eins, beide erleben ihr Auto als verlängerten Teil ihres Selbst: Wer kann schneller rennen, ist eher am Ziel, kann den anderen ausschalten? Der Verlierer steht vor sich, dem Sieger und den Zuschauern kleiner, schwächer und oft wohl auch lächerlich-impotent da; der Sieger aber scheint sein Fahrzeug besser zu beherrschen, hat ein potenteres Verhalten gezeigt, ist stärker und gewiefter. Doch nur für einen Moment hält die gerade errungene Befriedigung oder Frustration des Zweikampfes an; stets geht sie schon im nächsten Moment in die folgende Situation über, in der es erneut um die geschilderten Werte geht. Wie bei einer neuen Spielrunde, kann man immer wieder neu verlieren oder obsiegen. Allerdings bestimmt der Ausgang der Runde maßgeblich die Stimmung der „Spieler" bei der folgenden. Das erklärt, weshalb sich die Gemüter binnen Kürze erhitzen und außer Rastplatz oder Ausfahrt wenig Kühlmöglichkeiten bleiben.

Zudem ist der moderne Turnierplatz keineswegs auf die Autobahn beschränkt. Denn:

„In der Stadt geht es darum, sich durchzusetzen und sich nicht unterkriegen zu lassen."

gegebene Studie sei gar nicht repräsentativ und daher sozusagen ohne weitere Bedeutung. Eher passen die Ergebnisse wohl nicht in das Konzept des DVR.

Stattdessen bietet die Stadtfahrt obendrein die Möglichkeit der Revanche der Kleinen.

„Mit meinem Uno habe ich in der Stadt eine Chance, mich gegen Große beim Ampelstart durchsetzen zu können."

Und auch hier gilt:

„Mit 50 würde man zum Hindernis."

Denn:

„Langsamfahrer, die den Verkehrsfluß behindern, nerven."

Ganz außer Frage aber scheint zu stehen, daß es überhaupt ums Durchsetzen geht. Beförderung ist nur eines unter vielen Motiven, die beim Autofahren eine Rolle spielen. Die automobile Action und mit ihr Art und Ausmaß der begleitenden Affekte sind längst selbstverständlicher Bestandteil unseres Sociallebens geworden. Wer sich auf die Straße begibt, stellt gleichzeitig sein Selbstwertgefühl zur Disposition und nimmt an einer Spielrunde teil, deren Ausgang tödlich sein kann, aber doch durch den Einsatz gerechtfertigt scheint: Wert oder Unwert der eigenen Person und ihrer Fähigkeiten.

Und der Verdrängungskampf gegen die Schwächeren macht nicht bei den Kraftfahrzeugen halt: Was sich zwischen zwei PKW oder einem Auto und einem Radfahrer abspielt, das kann sich im nächsten Moment bereits zwischen Radfahrer und Fußgänger, Scateboardfahrer und Rentner wiederholen.

Wieso aber diese selbstverständliche Verknüpfung von Narzißmus und Mobilität, dieser automatische Verfall in Infantilität und Größengefühle? Warum versagen regelmäßig Appelle an die Vernunft, und wieso entscheiden Affektdurchbrüche häufig genug über Leben und Tod?

## Bewegung bedeutet Autonomie und Selbstwertgefühl [4]

Die kindliche Freude, die den Käufer beim Anblick seines neuen Wagens ergreift, die Liebe, mit der das Auto – verbotenerweise – immer noch samstags wie ein ganz besonderes Körperteil gewienert wird, die Lust an PS und Geschwindigkeit, ist uns all das bloß von Werbeleuten aufgeschwatzt? Warum dann aber gerade die Betonung von Schnelligkeit und Kraft, von Traktionsvermögen und Drehmoment? Wieso fahren wir gerade auf immer leistungsstärkeren Wagen ab, selbst wenn wir ihre Kraft niemals zum Einsatz bringen können? Nicht bloß im Land ohne Geschwindigkeitsbegrenzung gilt das schnellere Auto zumeist auch als das bessere, auch in den USA, wo gerade mal 55 bis 65 Meilen gefahren werden darf, sind mehr als 150 PS die Regel und der Besitz eines europäischen Flitzers die Krönung des Yuppie-Daseins. Ganz so einzigartig stehen wir mit unserer Verehrung des Autos historisch wohl auch nicht da, denn Wagen- und Pferderennen erfreuten auch schon unsere Vorfahren. Und den Schilderungen der Zeitgenossen ist zu entnehmen, daß ihre Verkehrsverhältnisse mit den Schwächeren auch nicht eben zimperlich umgingen: Als berühmtes mythologisches Vorbild darf Ödipus gelten, der seinen Vater samt seinen Begleitern erschlug, als die ihn mit ihrem Wagen allzu forsch aus dem Wege geräumt sehen wollten.

Unsere Freude an der beschleunigten Bewegung kommt nicht von ungefähr. Denn kein Lebewesen benötigt einen längeren Zeitraum für seine Autonomieentwicklung als der Mensch. Zunächst nahezu völlig immobil, bleiben wir bis weit nach der Geschlechtsreife auf Eltern oder Erzieher angewiesen und damit, je nach Ausbildung, fast ein Drittel unseres Lebens von ihnen existentiell abhängig. Wir kommen buchstäblich nicht von ihnen weg. Säuglinge sind auch nach der leiblichen Geburt alleine lange nicht existenzfähig und können sich erst nach ca. 8 – 11 Monaten

---

[4] Ich habe im folgenden die Begriffe „Ich" und „Selbst" nicht genau voneinander geschieden. In der psychoanalytischen Literatur gibt es eine ebenso umfangreiche wie verwirrende Diskussion über die beiden Konstrukte, ohne daß ihre Erörterung hier hilfreich erschiene.

selbständig fort bewegen. Verglichen zum Beispiel mit einem Hundewelpen ist dies ein unerhörter Zeitraum: Nach wenigen Wochen öffnet der kleine Hund seine Augen, sieht nach ca. 6 Wochen für seine Verhältnisse scharf – und läuft seinem neuen Besitzer, je nach Rasse, bereits nach 12 – 14 Wochen davon, ohne daß dieser noch eine Chance hätte, ihn einzuholen.

Ganz anders hingegen verläuft die schwierige und langwierige Autonomieentwicklung des Menschen, allerdings gleichfalls eng mit der Entwicklung des Bewegungsapparates verknüpft. Denn über viele Monate erlebt der hilflose Säugling, wie sich seine Eltern auch ohne ihn fortbewegen können, und ohne daß er ihnen folgen könnte. Lediglich Schreien bleibt ihm, um die Eltern zurückzuholen oder seine Wut, Ohnmacht und Verzweiflung hierüber zum Ausdruck zu bringen.

Die erste Fort-Bewegung besteht darin, den Kopf zu wenden, mit dem Resultat, daß die Mutter fort ist, eben „fort-bewegt". Diese Verwechslung von Eigen- und Fremdbewegung mag tröstlich sein, allein sie hält nicht an. Stattdessen wächst die Erkenntnis über die eigene existentielle Abhängigkeit und mit ihr der Versuch, sie zu überwinden. Mehr Selbständigkeit zu erwerben, ohne jedoch andererseits die Mutter zu verlieren, wird wichtigstes Ziel des Kindes. Das Baby krabbelt um die Ecke: Fort ist die Mutter. Doch ist sie noch da, der Weg zurück noch möglich, ihre Arme noch offen? Endlos können Kinder überprüfen, ob die Mutter lächelt oder womöglich solche Autonomieanstrengungen übel nimmt. Es ist die Bewegung, die das Gefühl gibt, jemand zu sein, unabhängig von der Mutter, im Wohnzimmer noch, wenn sie in der Küche bleibt, voller Mut und Eroberungslust einerseits und der gleichzeitigen Angst andererseits, das Abenteuer könnte zu gewagt und der Weg zurück versperrt sein. Das Kind erlebt einen entscheidenden Grundkonflikt: Einerseits das Bedürfnis sich weiter, sich „fort" zu entwickeln, um unabhängiger zu sein und andererseits den Wunsch zurückzukönnen, das Bedürfnis nach Austausch und Anlehnung. [5] Die Pole bedingen sich gegenseitig: je abhängiger ich mich fühle, desto größer mein Bedürf-

---

[5] Vgl. hierzu besonders Mahler, M., Pine, S., Bergmann, A., 1980, Die psychische Geburt des Menschen, S. Fischer, Frankfurt a.M.

nis nach Fort-Entwicklung. Das läßt sich gerade bei Kindern, die laufen lernen und dabei von ihren Eltern nicht an einer besonders kurzen Leine gehalten werden, beobachten. Ohne jedes Gefühl für Gefahr – und häufig auch ohne große Schmerzreaktionen, wenn es mal schiefgeht – rennen Kinder in die Welt, erfüllt von ihrem Eroberungsbedürfnis, berauscht von den gerade erworbenen Möglichkeiten der selbständigen Fortbewegung: Zum erstenmal ist das Kind ohne fremde Hilfe mobil, es ist buchstäblich selbst mobil, auto-mobil. Je nachdem in welchem Alter Kinder laufen lernen und damit den Rausch von Bewegung und eigenen Fähigkeiten erstmals auskosten, kommt es früher oder später zu einer verblüffenden Gegenbewegung. Mit einem Mal setzt Angst, ja Ängstlichkeit ein, wo vorher keine Gefahr schreckte, und die Trennung von den Eltern erscheint schmerzlich, wo sie bis gerade noch nicht einmal bemerkt wurde. Der Grund für den plötzlichen Gesinnungswandel liegt in der erwachenden Erkenntnis des möglichen Verlusts von Mutter oder Vater: Wenn ich mich zu weit entferne, ja wenn ich sogar ein Eigenleben führe, könnte ich die Eltern verlieren, sie könnten auf einmal nicht mehr (für mich) da sein. Folge dieser Sorge ist bei vielen Kindern eine Phase des Beschattens der Mutter, keinen Moment mehr wird sie aus den Augen gelassen, damit sich die Befürchtung am Ende nicht doch realisiert. Die Pole dieser Entwicklung sind einerseits der Wunsch nach Unabhängigkeit, Selbstbestimmung und Freiheit, andererseits das Bedürfnis nach Anlehnung und Austausch, Nähe und Kontakt.

Nicht von ungefähr spielt sich dieser entwicklungspsychologische Grundkonflikt von Individuation und Austausch auf dem Feld der Bewegung ab: Die ersten eigenen Schritte sind tatsächlich wörtlich zu nehmen. Inwieweit das Kind diesen Konflikt meistert, hat maßgeblichen Einfluß auf sein Selbsterleben: Bin ich beschämend schwach und auf die Mutter angewiesen, die ich jederzeit zu verlieren fürchte, oder kann ich ohne ihre Hilfe großartige Taten vollbringen? Die ersten Individuationsschritte sind also motorisch und nicht von der körperlichen Bewegungsfähigkeit und -lust zu trennen. Denn die Fähigkeit zur selbstbestimmten Bewegung fördert und stärkt das Selbstbewußtsein.

Der Radius erweitert sich schnell mit zunehmendem Alter: Bobbycar, Dreirad, Go-Car, Roller und Fahrrad heißen seine Stationen, die bereits Autonomie und Selbstwert mit spezifischen Fahrzeugen verbinden. Tatsächlich stellen wir unseren Kleinen wie selbstverständlich solche Individualverkehrsmittel zur Verfügung, die die Fähigkeit zur Autonomie mit der Beherrschung von Fahrzeugen zu verknüpfen scheinen.

Diese gesellschaftliche „Prägung" von Kindern auf bestimmte kollektive Normen und Verhaltensweisen zum Beispiel durch das Bereitstellen von entsprechendem Spielzeug beschäftigte den einflußreichen amerikanischen Psychoanalytiker Erik Homburger Erikson in zahlreichen Arbeiten. Er interessierte sich für die Kindheiten in verschiedenen Kulturen. Aus diesem Grunde untersuchte er Kindheitsbedingungen sehr unterschiedlicher Indianerstämme: Einmal die hinsichtlich ihres Verhaltens und ihrer Kultur für ihre kämpferisch-sadistische Aggressivität bekannten Sioux und zum anderen die melancholischen, waffenlosen Yurok, die sich nicht von Jagd und Kampf, sondern Fischen und Eichelsammeln ernährten. Erikson versuchte zu belegen, daß die unterschiedliche und zielgerichtete, jedoch weitgehend unbewußt stattfindende Erziehung der jeweiligen Kinder und die gesamte Gestaltung der Kindheit auf die Ausbildung einer psychosozialen Identität ausgerichtet ist. Diese psychosoziale Identität dient dem Erhalt der jeweiligen Kultur; Abweichungen im individuellen Verhalten gelten als nicht schicklich, peinlich oder beschämend. Erikson zeigte vielerlei Spiele und Erziehungspraktiken, die die besondere sadistische Aggressivität bei den Sioux-Knaben fördern sollten: Jede auf Unabhängigkeit ausgehende Verhaltensweise der Knaben wurde unterstützt, aggressive Bewegungsspiele von Jagd und Eroberung galten als besonders männlich. Die gewöhnlich nachsichtigen Siouxmütter schlugen jedoch ihren Säuglingen – offensichtlich mit Vergnügen – auf die Köpfe und banden sie hernach auf ein Wickelbrett, wenn ihre Kinder ihnen in die Brustwarzen bissen, was die Kleinen einerseits in enorme Wut versetzte, andererseits aber keine motorische Abfuhr der Wut erlaubte.[6] So war die Erziehung der späteren Sioux-Krieger auf die

---

[6] Erikson, E.H., 1950/1982, Kindheit und Gesellschaft, Klett-Cotta, Stuttgart, S. 132 f.

Bildung einer psychosozialen Identität ausgerichtet, die Autonomie und Kampf in den Mittelpunkt stellte; diese bei den Sioux so erwünschten Eigenschaften entstanden durch eine unbewußte, aber darum nicht weniger zielgerichtete Ausgestaltung der Kindheit.

Unbewußt scheinen wir uns kollektiv in vergleichbarer Weise zu verhalten, wenn wir unseren Kindern mit aller Selbstverständlichkeit ständig neue Fortbewegungsmittel wie Bobbycar, Go-Car, Roller, Trecker usw. bereitstellen und auf diese Weise Autonomieentwicklung und Individualverkehr miteinander verknüpfen, als gäbe es gar keine andere Möglichkeit, Unabhängigkeit zu erlangen. Wir fördern somit eine psychosoziale Identität, die auf Bewegung und Autonomie ausgerichtet ist und umgekehrt Bodenständigkeit als lächerlich-schwach erscheinen läßt. Ein junger Mensch ohne Führerschein steht wie eine halbe Portion da, unfähig sich selbst angemessen zu bewegen und daher nicht wirklich ernstzunehmen. Die katastrophale Situation öffentlicher Verkehrsmittel unterstreicht diese mobile Impotenz: Für die berufliche wie private Karriere ist der Führerschein unabdinglich. Und weil individuelle Mobilität Voraussetzung für Ansehen und Erfolg sind, erziehen wir unsere Kinder zu eben jener Auto-Mobilität. Kein Wunder also, daß unsere Kinder häufig genug mit Begeisterung „brumm" sagen, bevor ihnen „Mama „oder „Papa" über die Lippen kommt, und „Auto" fraglos eines der ersten und bedeutungsvollsten Worte ist – und bleibt.


## Die Flucht vor der Abhängigkeit

Unabhängig von der Kulturzugehörigkeit erwirbt der Mensch ein gewisses Maß an Unabhängigkeit durch seine wachsende Fähigkeit, sich selbst und ohne fremde Hilfe fort-zubewegen. Selbständigkeit entsteht durch das Weg-Von, weg von der Mutter, den Eltern, weg von zu Hause und von der Schule oder weg von eingefahrenen Gewohnheiten. Es ist mehr das Nein, mit dem eigene Identität anfängt. Autonomie, Eigenständigkeit ja Identität beginnen durch die Verneinung, das Nein zum anderen und die Möglichkeit etwas anderes an die Stelle zu setzen:[7]

-Nein, ich bleibe nicht hier, ich rase mit meinem Fahrrad zum Nachbarskind, zum Spielplatz.

-Doch, du bleibst hier, das ist zu gefährlich (= dafür bist du – noch – zu klein).

Das Gefühl, jemand zu sein, ist in seiner Entstehungsgeschichte eng mit der Bewegung, der Fort-Bewegung verknüpft. Man ist man selbst, wenn man sich bewegen kann; man ist, wenn man auto-mobil ist („moveo ergo sum", könnte man pointiert sagen).

Eben weil der Mensch der westlichen Industriegesellschaft in einer so langjährigen und häufig als schmerzhaft erlebten Abhängigkeit von seinen Eltern und Erziehern bleibt, gibt es auf der anderen Seite ein entsprechendes Bedürfnis nach Unabhängigkeit. Dieser Wunsch nach Selbständigkeit steht oftmals in direktem Verhältnis zur erlebten Abhängigkeit. Und wo diese Autonomie dem Ich nicht möglich scheint, sind zumindest Autonomiebeweise oder Demonstrationen eigener Autarkie von um so größerer Bedeutung. Denn niemand löst sich gänzlich von seinem Elternhaus – man würde sich damit ja auch völlig entwurzelt fühlen – so daß es immer nur um eine relative Loslösung von der Familie und ihren Werten, Anschauungen und Verhaltensweisen gehen kann. Diese dialektische Beziehung partieller Ablösung und weiterhin bestehender Abhängigkeit ist ein roter Faden zahlreicher psychopathologischer Entwicklungen. Während beispielsweise ein Alkoholkranker im Rausch seine Größe und Unabhängigkeit nicht genug betonen kann, findet man ihn folgendentags zerknirscht bei seiner Mutter oder Frau wieder (der Unterschied mag da verwischen), wo er um Vergebung bittet und sich völlig abhängig zeigt. Nach einer Weile, die häufig nur bis zum Abend währt, erträgt der Betreffende diese Enge nicht mehr und unternimmt einen erneuten Loslösungsversuch, besser gesagt, er versucht von neuem auszubrechen, indem er die nächste Kneipe

---

[7] Vgl. hierzu Auchter, T., 1990, Das fremde eigene Böse, in: Universitas 12/ 1990, S. 1125–1137, Wissenschaftliche Verlagsgesellschaft, Stuttgart.

aufsucht und hier nach kurzer Zeit wiederum ins großartige Schwadronieren verfällt.

Der komplizierte Individuationsprozeß ist allerdings nicht identisch mit der motorischen Entwicklung. Die räumliche Fortbewegung von den Erzeugern ist zwar die sichtbarste, nicht aber unbedingt dauerhafteste und folgenreichste Trennung. Denn neben den motorischen Möglichkeiten wächst zugleich die geistige Flexibilität, also die Fähigkeit, sich innerlich von den Eltern zu entfernen, indem nicht alle Werte und Verhaltensweisen einfach übernommen werden. Diese innere Ablösung ist viel schmerzhafter und ängstigender als die räumliche Fortbewegung, von der es, im Gegensatz zum Ausflug mit dem Dreirad, kein Zurück mehr gibt. Dies verweist auf die verlockende Möglichkeit, die innere Loslösung auf eine „bloß" äußere zu verschieben: Wo die innere Ablösung zu gefährlich erscheint, bleibt der Ausweg, sich etwas Bewegungsraum über die motorische Flexibilität zu erlauben. Scherzhaft formuliert: Ich bleibe (innerlich) bei der Mama, aber ich fahre GTI. Diese Dynamik wird gegenwärtig durch eine Vielzahl von Witzen aufgegriffen (siehe „Der Manta-Fahrer-Witz"). Und tatsächlich läßt sich bisweilen folgende Beobachtung in ländlichen Gebieten machen: Vor einem Bauernhaus, welches die enge Begrenztheit einer Welt ausstrahlt, die bestenfalls 14 Tage Entkommen nach Mallorca erlaubt, steht der blitzblanke, mit zahlreichen Accessoires und Spoilern ausgestattete, tiefergelegte GTI, als Kontrapunkt zur spürbaren Enge; ein Fort-Bewegungsmittel, mit dem der Besitzer doch nie wirklich fort kommen wird. Das Auto wird solchermaßen zum gefahrlosen Fluchtmittel, zur Illusion eigener Beweglichkeit, die mit Bewegung verwechselt wird.

Dem Bedürfnis nach Unabhängigkeit und Fort-Entwicklung steht die Angst gegenüber, sich zu weit vorzuwagen, in der Fremde womöglich unterzugehen. Kinder begegnen dem durch schnelle Rückkehr zur Mutter, sie „tanken auf", wie man in der Fachsprache sagt. Diesen Wunsch nach Sicherheit und Halt bei wachsender Unabhängigkeit spricht die Werbung eines großen Mineralölkonzerns geschickt an: „Hier ist Dea, hier tanken Sie auf."

Der kollektive Automobilmißbrauch gründet auf der Verknüpfung von Selbst- und Identitätsentwicklung mit der Entwicklung des Bewegungsapparates und seiner Hilfsmittel (Auto). Ein Teil der großen Affektivität im Straßenverkehr wird so verständlicher: Es geht eben nicht nur um ein paar Meter oder wenige Sekunden Vorsprung, sondern auch um ein Stück Identität, welches sich potentiell bedroht fühlt.

Diese bedrohte Identität ist häufig genug männlich: Alle bisherigen Untersuchungen belegen, daß Frauen verhaltener, rücksichtsvoller und sanfter fahren. Männer benötigen das Auto allzuoft als Potenzbeweis, wo sonst augenscheinlich andere Potenzen zu versagen drohen. Besonders erschreckend ist, daß Männer viel häufiger Verursacher tödlicher Unfälle sind, als deren Opfer: Zu 53% sind männliche Autofahrer für den Tod eines Menschen verantwortlich (gegenüber lediglich knapp 30% weiblicher PKW-Lenker), und als nicht-automobilsierte Verursacher sind sie nochmals zu 30% Verursacher, kurz, in weit mehr als 80% sind Männer am Verkehrstod anderer schuld. Sie selbst haben aber nur einen Anteil von 70% an den Opfern. Auf diese Weise zahlen Frauen für das Platzhirschverhalten männlicher Verkehrsteilnehmer weit häufiger mit ihrem Leben als die Urheber![8]

### Der Manta-Fahrer-Witz

Einige Zeit erfreute sich eine neue Witz-Sorte großer Beliebtheit, die sogenannten Manta-Fahrer-Witze. „Frage: Woran erkennt man einen Manta-Fahrer in der Sauna? Antwort: Am Fuchsschwanz und den verchromten Eiern." Bekanntlich verweist der Witz direkt auf eine unbewußte Dynamik, eine Spannung, die sich im Witz löst und die auf andere Weise nicht oder so nicht

---

[8] Schallaböck, K.O., 1991, Isolation durch Verkehr? Die komfortable Kontraproduktivität zeitgemäßer Lebensweise, in: Forum Städte-Hygiene, Jg 42, Nr. 10/11, Patzer Verlag, Hannover.

aufzulösen wäre.[9] Das heißt, im Witz ist eine Problematik des Witzeerzählers thematisiert, und Voraussetzung für das Gelächter der Zuhörer ist, daß diese die Spannung teilen. Gegenwärtig scheinen also recht viele Menschen ein ähnlich gelagertes Problem mit Hilfe von Manta-Fahrer-Witzen zu „bearbeiten". Im Gegensatz zur Klasse der Witze, die sich eines Volkes oder einer Volksgruppe annehmen (z. B. Ostfriesen-Witze), wird hier eine scheinbar unzusammenhängende Gruppe von Leuten, nämlich Mantafahrer zum Inhalt des Spotts gemacht, von der man aber spezifische Annahmen in den Witz implizit einfließen läßt. Es existiert eine genaue Vorstellung vom Mantafahrer, ein Vorurteil, welches Grundlage des Witzes ist. Man hält ihn für blöd, einen Angehörigen einer niedrigeren Sozial- und Bildungsschicht und für vor allem autoversessen. Im Witz entlädt sich nun ein erhebliches Aggressionspotential, indem der Manta-Fahrer verächtlich gemacht wird. Es wird nachzuweisen versucht, daß seine Identität lediglich aus seinem Kraftfahrzeug besteht, er sich nur darüber definiert und seine geistig-körperliche Potenz lächerlich ist (Fuchsschwanz). Damit benennt der Witz das (angebliche) Problem des Mantafahrers: Er ist lächerlich abhängig, unautonom und überkompensiert dies durch sein Auto und seinen Fahrstil; seine PS-Potenz ist real nichtig, er kann uns zwar auf der Autobahn überholen, aber sozial eben doch nicht, womit der Witz die ursprüngliche soziologische Rollenzugehörigkeit wiedereinsetzt. Gleichzeitig besteht die Möglichkeit, den aufgestauten Ärger über rücksichtslose Autofahrer, denen man diese Attribute zuschreibt und die unbotmäßigerweise trotz niedrigerer Schichtzugehörigkeit zum Überholen ansetzten, abzuführen. „Treffen sich zwei Mantafahrer. Sagt der eine: Ich hab' mir 'nen Duden gekauft. Fragt der andere: Und, hast du ihn schon eingebaut?"

[9] Vgl. Freud, S., 1905/1982, Der Witz und seine Beziehung zum Unbewußten, Studienausgabe, Bd 4, Fischer Taschenbuch Verlag, Frankfurt/M.

# Regression im Auto –
# oder die Droge auf Rädern

## Aufhebung der Grenzen

„Schnellfahren ist wie ein Freiraum, so eine Art Badewannenge-
fühl."[1]

Dem Menschen ist das Bedürfnis eigen, aus seinen alltäglichen
Zwängen und Nöten zuweilen aussteigen zu wollen. Ob im Alko-
hol- oder Drogenrausch, in Trance oder Extase, in sexueller Erfül-
lung oder Meditation, die Grenzen des Realitätsprinzips und
seiner Forderungen sind nur erträglich, wenn man sie ab und an
überschreiten kann. Das gilt keineswegs nur für den gestreßten
Westeuropäer, der beim indischen Guru Erleuchtung sucht. Na-
turvölker wie sogenannte zivilisierte Nationen halten für ihre
Mitmenschen den Trost des zeitweiligen Ausstiegs bereit. Allein
die Mittel sind unterschiedlich, das zugrunde liegende Bedürfnis
ist das gleiche. Ob man sich mittels Fliegenpilz oder Haschisch-
pfeifchen, stundenlanger rhythmischer Tänze oder ohrenbetäu-
bender Rockmusik dem grauen Alltag entzieht, ob man nach
Fasten und Schlafentzug oder Kauen von Kokablättern Erleichterung verspürt, das ist durch die Normen der jeweiligen Gemeinschaft geregelt. Die gesundheitlichen Folgen mögen unterschiedlich gravierend sein, der Zweck jedoch ist der nämliche: die
Aufhebung der Grenzen der Realität und die zeitweilige Rückkehr zu kindlichen Verhaltens- und Erlebnisformen. Die Psychoanalyse bezeichnet dieses Phänomen als Regression. Damit ist
eine Veränderung der Ich-Organisation gemeint, also jener kriti-
schen Instanz der Persönlichkeit, die normalerweise die Geschäfte

---

[1] TÜV, a. a. O., S. 26.

43

führt, verantwortlich handelt und bemüht ist, unter Beachtung der üblichen Normen und Grenzen doch ein angenehmes Leben zu führen. Da das nicht immer ganz leicht ist, hält jede Gesellschaft Nischen für ihre Mitglieder offen, in denen andere, weniger strenge Normen gelten, und wo man die Welt der Realität wenigstens in mancher Hinsicht mit der der Phantasie vertauschen darf. Der jährliche Ausflug mit dem Kegelclub, Karneval, Kirmes, Teekränzchen, Stammtisch oder Fußballplatz sind solche Refugien, wo nicht alles so genau genommen wird, und man auch mal „verrückt spielen" darf.

So schön und entlastend dies einerseits ist, betrifft es doch nur die eine Seite der Regression. Denn andererseits gibt es auch durchaus bedrohliche Regressionsphänomene. Bereits ein Mensch mit Fieber verfügt nicht mehr voll über die üblichen Ich-Leistungen, wie in gesundem Zustand. Je nach Persönlichkeit wird er vielleicht reizbarer sein als an anderen Tagen, unvernünftiger, wenn es um das frühe Zubettgehen oder die Einnahme der bitteren Medizin geht, und womöglich wird er all diese vorübergehenden Beeinträchtigungen obendrein auch noch abstreiten. Diese Seite der Regression ist gleichfalls allzumenschlich, lediglich die Ausmaße differieren. Ein Mensch in der Psychose wird den Realitätsbezug möglicherweise ganz verlieren und stattdessen seine Größenphantasien weidlich ausleben. Ob Psychose oder Rausch, ob psychische Erkrankung oder Träumerei, regressive Erscheinungen gehen mit einem Rückzug aus der Realität und der sozialen Umgebung einher. Regression als narzißtisches Phänomen macht narzißtischer und löst Grenzen auf.

Allerdings ruft die Infragestellung von Grenzen gleichzeitig auch Angst hervor. Während einerseits nämlich Grenzen Sicherheit und Halt spenden, behindern sie auf der anderen Seite die persönliche Freiheit. So kommt es, daß es einerseits Lust macht, Grenzen zu überschreiten, andererseits aber auch Angst. Der namhafte ungarisch-englische Psychoanalytiker Michael Balint hat diese Ambivalenz als Thrill, als Angstlust bezeichnet. Thrill, das gespannte Gefühl zwischen Lust und Angst, spielt eine wesentliche Rolle beim unbewußten Gebrauch des Autos, ebenso wie die zugrundeliegende Regression, die beim Autofahren regel-

mäßig eintritt. [2]Denn auch hier geht es nur zu oft um das Auste-
sten von Grenzen oder gar ihre Überschreitung, seien es nun juri-
stische oder physikalische. Kollektiv stellen wir mit dem
Straßenverkehr und der Verwendung des privaten PKW eine Ni-
sche zur Verfügung, in der die Regeln des Alltags nicht mehr volle
Gültigkeit haben und man sich allzuoft ungestraft austoben darf.
Wie kommt es nun, daß das Auto offensichtlich in besonderem
Maße Regression auslöst und damit Autofahrer zeitweilig zu Kindern macht, ohne daß die Betroffenen es unbedingt bemerken?

### Kompetenz als Kennzeichen der Autonomie oder Nervenkitzel als Selbstbestätigung

Kindliche Entwicklung zielt auf wachsende körperliche und psychische Unabhängigkeit von den Eltern ab. In dem Maße, wie es
gelingt, die existentielle Abhängigkeit von den Eltern zu verlassen, werden Beziehungen möglich, die nicht nur auf die eigenen
Bedürfnisse abzielen, sondern andere als eigenständige Personen
berücksichtigen. Der Aufbau von Kompetenzen führt also auch
dazu, andere als Subjekte, mit ihren eigenen Bedürfnissen, sehen
zu können, weil man nicht mehr so notwendig auf sie angewiesen
ist. Je abhängiger man andererseits innerlich ist, desto egozentri-
scher werden andere nur in Hinblick auf die eigenen Interessen
wahrgenommen. Um also Mitmenschen als Personen zu achten,
bedarf es eines gewissen Reifegrades, einer Unabhängigkeit, die
nicht von Anfang an gegeben ist. Regrediert das Ich unter dem
Einfluß von Drogen oder Alkohol, Erkrankung oder durch andere
äußere Umstände, so werden Mitmenschen entsprechend regres-
siv erlebt, nämlich als Objekte.

Die Entwicklung von Kompetenz und damit die kindliche
Selbstentwicklung überhaupt spielen sich maßgeblich auf dem
Feld der Bewegung ab. Selbstentwicklung ist buchstäblich die Be-
wegung fort vom alten, von dem, was immer schon da war, hin

---

[2] Vgl. hierzu Balint, M., 1959/1988, Thrills and Regression, dt.: Angstlust
und Regression, Stuttgart, Klett-Cotta.

zum Neuen. Diese Fort-Entwicklung bewegt sich im wahrsten Sinne von Mutter und Eltern fort, in einem labilen Gleichgewicht zwischen ängstlichem Dableiben und gefährlicher Selbstüberschätzung. Je kompetenter Kinder Gefahren meistern, desto größer wird ihr Bewegungsradius und ihr aus dieser Gewinnung neuen Erfahrungsraums resultierendes (Selbst-) Bewußtsein. Entscheidend sind die wachsenden Fähigkeiten, mit denen neuen Gefahren und Möglichkeiten begegnet werden kann. „Guckt mal, was ich kann!" rufen Kinder, um sich den Eltern (und sich selbst) in gefährlicher, neuer Lage zu präsentieren. Sie beweisen hierdurch, diese Schwierigkeit neuerdings bestehen zu können und damit ein größeres Stück Unabhängigkeit erworben zu haben. Denn je mehr ihnen ohne fremde Hilfe gelingt, desto „größer" sind sie schon und desto größer fühlen sie sich auch. Schon der Nervenkitzel von einem Haufen Steine zu springen, auf Baumstämmen zu balancieren oder mit dem Fahrrad durch eine große Pfütze zu fahren, von der unklar ist, wie tief sie ist, stärkt das Selbstwertgefühl, sofern nur die Schwierigkeit gemeistert wird. Diese verlockende narzißtische Belohnung rechtfertigt geschundene Knie, Konflikte mit Erziehern und die Angst, die vor jedem Abenteuer ertragen werden muß. Das Ausmaß durchgestandener Ängste erhöht die eigene Größe. Allerdings liegt das Gefühl von Größe bisweilen dicht neben der Großartigkeit.

Angst (vorher) und Lust (nachher) gehen eine Liasion ein: Jeder bestandene Nervenkitzel ist eine wichtige Etappe der Autonomieentwicklung. Dieser „Thrill", diese Angstlust ist keineswegs ausschließliche Domäne der Kinder. Erwachsene suchen sich lediglich etwas andere Bereiche (manchmal auch nicht), in denen auch sie auszurufen scheinen, guckt mal was ich (schon alles) kann. Der TV-Krimi, eben der „Thriller" wäre nicht, was er ist, wenn nicht dem Nervenkitzel eine Lustkomponente innewohnen würde. Beim anschließenden Zähneputzen mag man sich sagen, daß man es nochmal geschafft hat – genau wie der Held – indem man alle Spannungen und Ängste ertrug und bis zum Schluß ausharrte (unter Beistand von Bier und Chips, aber immerhin).[3]

---

[3] Zur Bedeutung von Horrorfilmen vgl. Hilgers M, 1990, Der Vampir als

Thrills sind gleichfalls Bestandteil vieler Initiationsriten, Mutproben und Aufnahmeriten von Jugendbanden. Mittels der hoffentlich glücklich ausgehenden Mutprobe empfiehlt sich der junge Mann seiner Angebeteten, der angehende Krieger seinem Stamm und der Jugendliche seiner Gruppe. Die streng geregelten Initiationsriten von Naturvölkern leben in unseren Breiten allerdings nur in religiösen Zeremonien weiter, die jedoch hinsichtlich der Heftigkeit der Affekte und der anschließenden Anerkennung durch die Gemeinde keineswegs vergleichbar erscheinen. Lediglich in sportlichen Bereichen gibt es ähnliche, wenn auch häufig viel mildere Angstlust. Neuerdings offenbart sich das alte Bedürfnis, mittels Angstlust eigene Größe zu erleben, im sportlichen Bereich ungenierter: War bis vor kurzem noch der Motocrossfahrer ein toller Hecht, der sich und anderen konkurrenzlos imponieren konnte, rümpft über ihn der Drachenflieger heute schon die Nase. Doch auch der hat schon seinen Meister gefunden: Der gegenwärtig letzte (Angst-) Schrei des Thrill darf ausgestoßen werden, wenn man sich kopfüber von Brücken und Felsen stürzt und das sichernde Band, das einen früher mit den Eltern verband, heute aus Gummi ist und – hoffentlich – hält. Und auch hier: der ganz großen Freiheit (auf dem Weg abwärts) folgt die schnelle Rückkehr, die genossene Freiheit ist nie grenzenlos, dem Kinde muß der Rückweg in den elterlichen Hafen möglich sein, und das Gummi läßt die Oszillation zwischen „ganz frei" und „wieder zu Hause" nur schneller werden.

Das mag nicht jedem liegen und aufwendig ist es obendrein, zumal wenn man im Flachland wohnt. Auto und Motorrad ermöglichen jedoch den alten Nervenkitzel, sich Gefahren auszusetzen, sie zu meistern und dabei das Gefühl eigener Größe und Grenzenlosigkeit zu pflegen. Vor allem: Das eigene Fahrzeug ist stets verfügbar. So wird das Auto zum konsequenten Nachfolger von Dreirad und Roller, von kindlicher Autonomieentwicklung. Die Anerkennung, die man sich von ihm verspricht, steht ganz in der Linie des Ausrufs: „Guckt mal, was ich kann!".

Symbol für „Das Böse", In: Universitas 12/90, Wissenschaftliche Verlagsgesellschaft, Stuttgart, S. 1146–1161.

Jugendliche und junge Erwachsene versichern sich ihres Mutes, ihrer Männlichkeit, ihres Könnens und ihrer Unerschrockenheit angesichts des Todes. Die oftmals tödlich verlaufende Raserei fort von Mutters Abendtisch hin zur Disco gehört hierher. Ironischerweise geschehen diese Unfälle gerade auf dem Rückweg zu Muttern, angetrunken und angeturnt, als ob es einerseits nicht schnell genug in den heimatlichen Schoß gehen könnte und als ob andererseits vorher nochmal schnell die eigene Größe und Unabhängigkeit gezeigt werden müßte. Doch ist auch der reifere Erwachsene nicht vom Reiz des Nervenkitzels, des Thrills gefeit, der im Geschwindigkeitsrausch die Überwindung der Enge von familiären und beruflichen Einbindungen erlaubt.

Eine Frau gibt zu Protokoll:"Beim Fahren will ich das Steuer fest in der Hand halten, was mir oft in der Familie entgleitet."

Die Grenzerfahrung macht den Reiz aus: „Ich fahre schnell und bin auf der Arbeit schnell. Auch beim Trinken – bis an die Grenzen."

Auf der Kippe, ob die Kurve noch genommen werden kann, bedeuten Bindungen und Perspektivlosigkeiten nichts mehr, es zählt nur noch der Moment, Sein oder Nicht-Sein und die Großartigkeit eigener Fertigkeiten. Hinzu kommt die Identifikation mit Rennfahrern, die phantasierte Teilnahme an der Rallye, als deren Gewinner man natürlich nach Hause kommt...

„Man ist wie in einer anderen Welt, in einer Dimension, in der man unverletzbar und unsterblich ist."[4]

Der Hunger nach Erlebnissen und Abenteuer, der dem Thrill zugrunde liegt, die Sucht, Leere und Langeweile zu füllen, die sich ohne Spannungslust einstellte, weiß auch den Stau noch als Bereicherung zu erleben. „Es ist etwas los und ich bin mittendrin", so könnte man die Lust am Stau beschreiben, die immerhin jeder fünfte Deutsche zu Protokoll gibt.[5]

[4] TÜV, a. a. O., S. 26.
[5] Vgl. Freizeit aktuell. Vom BAT Freizeit-Forschungsinstitut, Ausg. 104, 13.Jahrg., 3. Juni 1992.

## Die Bedingung für Gewaltbereitschaft

Das Auto bietet ein Refugium für infantile Größenphantasien und die scheinbare Suspendierung aller Begrenzungen durch die Realität. Die Fahrt im Automobil gerät zur regelmäßigen und jederzeit aufsuchbaren Regression des erwachsenen Ichs zu frühen Organisationsformen der Bindungs- und Grenzenlosigkeit. Damit erfüllt das Auto die Funktion von Rausch und Ausstieg: Nur mal eben um die Ecke, nur mal schnell in die Stadt, ans Meer, zum nahegelegenen Aussichtspunkt. Die Autofahrt ist die jederzeit verfügbare Aus-Zeit, der Moment totalen Rückzugs. Man kann sie mehrmals am Tage nutzen, ohne Kater und Fahne, ohne Ausfallerscheinungen und Gesundheitsbeeinträchtigung und ohne Partner, auf den man angewiesen wäre. Das Auto ist die ideale Droge.

Indem das Auto zur zweiten Haut wird und den Körper des Fahrers erweitert und ergänzt, trennt es ihn zugleich von seinen Mitmenschen, mit denen er ausschließlich objekthafte Beziehungen eingeht: Man erlebt lediglich andere Autos, bzw. entmenschlichte Fahrer anderer Fahrzeuge. Nicht der viel beschworene Partner im Straßenverkehr begegnet einem an der Parklücke oder in der Kolonnenfahrt, sondern ein entpersonifizierter Gegner, ein Auto, ein Ford oder VW, ein Mercedes oder Opel, keineswegs aber ein Mensch mit und in einem Auto. Diese Dehumanisierung stellt die notwendige Voraussetzung für das mörderische Geschehen auf unseren Straßen dar. Ähnlich wie im Krieg ist die Tötungs- und Gewalthemmung des Normalbürgers nur auszuschalten, wenn der vermeintliche Feind keine menschlichen Eigenschaften besitzt, sondern ein Tier, ein Unmensch oder eben ein Ding, ein Auto ist. Ein Auto kann man abdrängen, behindern, rammen oder nötigen, nicht jedoch eine Mutter mit zwei Kindern oder einen älteren Herrn im grauen Anzug (die zufällig gerade in einem Auto sitzen).

Die rücksichtslose Raserei z. B. vor Schulen mit Tempo 30 ist damit aber noch nicht erklärt, denn die bedrohten Schüler befinden sich ja in aller Regel nicht gleichfalls in einem Auto, sondern haben noch nicht einmal den Schutzmantel rettenden Blechs um sich. Man müßte also annehmen, daß Kinder in diesem Falle noch als menschliche Wesen wahrgenommen werden, was aber offensichtlich nicht geschieht. Da sich Autofahrer unter normalen Umständen lediglich während der Fahrt unsozial verhalten, aber nicht außerhalb des Autos z. B. Schulkinder verprügeln, anrempeln usw., liegt die hinreichende Bedingung solchen Verhaltens bereits im Gebrauch des Kraftfahrzeugs.

### Spezifische Regression und Beziehungslosigkeit

Bekanntlich ist das letzte Mittel entnervter Väter (und Mütter), ihre Kleinsten zum Schlafen zu bewegen, mit ihnen im Auto um den Block zu fahren. Diese probateste aller Einschlafhilfen für Säuglinge und Kleinkinder greift auf das intrauterine Rütteln und Schaukeln bei gleichmäßiger Geräuschkulisse zurück. Rhythmus und Wiegen strukturieren die sonst beängstigende Leere, der sich das Kind nicht zu überlassen wagte. Diese gleichmäßige Strukturierung, ihre rhythmische Eintönigkeit, wirkt beruhigend und sicherheitsspendend, so daß die Regression des Ichs in den Schlafzustand ermöglicht wird.

Unter Berücksichtigung dieser Überlegungen muten manche Sitzpositionen auto- und motorradfahrender Zeitgenossen wie embryonale oder regressive Körperhaltungen an: der Easy-Rider-Lenker des Motorrads oder der superflache Beinahe-Liegesitz des ohnehin tiefergelegten Sportwagens zwingen den Fahrer in infantil-hilflose Lage, die die gleichzeitige Potenz seines PS-starken Fahrzeugs wiederum konterkariert: Man fühlt sich von einem rasenden Säugling in liegender Position rechts überholt.

Das Regressionsangebot des Autos trifft uns natürlich alle gleichermaßen, allerdings läßt es sich durch Zubehör erheblich steigern, wie zum Beispiel durch Maskottchen am Innenspiegel, die gleichmäßig pendelnd (ein für Säuglinge amüsantes Spielzeug), gleich einem Hypnosemittel tranceinduzierend wirken.

Von besonderer Bedeutung sind 300-Watt-Stereo-Anlage und persönliche, eher dem Wohn- oder Schlafzimmerbereich zuzuordnende Einrichtungsgegenstände. Synphonie oder Popmusik, laut genug gehört, isolieren den Fahrer von seiner Mitwelt und fördern die Illusion, sich in einem abgeschlossenen, intimen Raum zu befinden. Ohne akustischen Kontakt zur Außenwelt erscheinen andere Verkehrsteilnehmer von untergeordneter Bedeutung, wie Objekte einer anderen, fremden Welt. Coppolas Apokalyse Piloten bedröhnten sich mit Musik, ihr Töten schien zum Computerspiel, zum irrealen Geschehen zu werden. Die allesübertönende Automusikanlage sorgt für den Eindruck eines hermetisch abgeschlossenen Raumes, und der Klang der (vertrauten) Musik umhüllt den Benutzer wie die Gebärmutter, die keinen direkten Kontakt mit der Außenwelt gestattet. Zudem erlaubt die Auslese der Musik eine Stimmungswahl: Aggressiv gestimmt, kann der Fahrer sowohl zu Heavy Metal greifen und solcherart den Affekt noch steigern, oder andersherum durch sphärische Klänge der Welt zu entrücken versuchen. In keinem Fall hat das natürlich etwas mit der Realität außerhalb der mobilen vier Wände zu tun. Allerdings sind diese Möglichkeiten des narzißtischen Rückzugs im Auto durch die technische Entwicklung der letzten Jahre erheblich gesteigert worden. Zwar klagten auch die Zeitgenossen der Jahrhundertwende über Rücksichtslosigkeit und Raserei, so daß der Automobilist Otto Julius Bierbaum über seine Reise meinte: „Nie in meinem Leben bin ich so viel verflucht worden, wie während meiner Automobilreise im Jahre 1902. Alle deutschen Dialekte von Berlin an über Dresden, Wien, München, bis Bozen waren daran beteiligt und alle Mundarten des Italienischen von Trient bis nach Sorrent – gar nicht zu rechnen die stummen Flüche, als da sind: Fäusteschütteln, Zungeherausstrecken, die Hinterfront zeigen und anderes mehr."[6] Freilich scheint er sich nicht gefragt zu haben, was denn eigentlich all diese Verwünschungen ausgelöst haben mag, wenn nicht er selbst samt seinem Gefährt. Doch immerhin mußte sich der brave Herr und seine ihn begleitende Gattin die Internationale der Beschimpfungen noch anhören, wohingegen heutigentags der Fluch von Radfahrer oder Fußgänger hinter der akustischen Kulisse der Stereoanlage zur stumm-lächerlichen Geste des Schwachen verkommt, der seinem Schicksal ausgeliefert ist. Diese weitgehende

---

[6] Zit. nach Sachs, a. a. O., S. 23.

Isolierung des Fahrers von der ihn umgebenden und bedrohenden Welt macht sich die Werbung zu Nutze: Mercedes zeigt einen schnieken Herrn, der sich vorwärts durch nordafrikanisches Menschengewühl und Stimmengewirr kämpft, zu seinem Mercedes versteht sich, wohin auch sonst, einstweilen degoutiert von der Masse, in Kleidung und Haltung ganz Herrenmensch, aufrecht, bis er endlich den Wagenschlag zuziehen darf, um in der entstehenden völligen Stille seines Fahrzeuges aufamten zu können: „Endlich zu Hause!"

Was Werbung sich da meisterlich zu Nutze macht – und leider vermißt man diese Kunst beim Marketing des öffentlichen Nahverkehrs allzuoft – ist die unsichtbare Angst jenes chicen Yuppies in der Fremde, seine Unsicherheit und sein Bedürfnis, lieber daheim bei Mama zu sein, als auf einem nordafrikanischen Basar. Doch hilft es nichts, der Erfolg hat ihn hierhin katapultiert (oder vielleicht auch bloß sein väterlicher Chef), und der Rückweg ist einstweilen versperrt. Ausgleich und Ermutigung des mütterlichen Hafens bietet aber das vertraute Auto, das vor Streß, Lärm und all den ängstigenden Gestalten des Basars seine Blechhaut schützend ausbreitet. Das Auto wird zum Refugium vor der bedrohlichen Vielfalt der Realität.

Denn die Beziehungslosigkeit (die das Auto ja gerade fördert!), und Fremde, in die man sich mit ihm begibt, sind viel zu ängstigend, gäbe es hierzu nicht just im Auto Ausgleich. Pseudo-Einrichtungsgegenstände heben das bewußt nüchtern-funktional gestaltete Interieur des modernen Autos wieder auf. Allzu verloren würde man sich in der ängstigenden Fremde fühlen, in einem Auto, das die Heimeligkeit einer postmodernen Schaltzentrale besitzt. Eben daher müssen kitschig anmutende Gegenstände her, und Teddybären wärmen die Herzen, wo es sonst allzu kühl bliebe. Ähnlich Kindern, die niemals ohne die Begleitung ihrer Tiere zu Bett gehen, und so die Wirren nächtlicher Träume und die Trennung von den Eltern überstehen, verschaffen sich die Reisenden in der automobilen Fremde das Gefühl von Heimat (der man im Auto ja potentiell entfliehen will!), Vertrautheit und Sicherheit: den entstehenden Ängsten verdanken die Seelentröster im Automobil ihren Einzug. In frühkindlicher Zeit hatten sie als sogenannte Übergangsobjekte [7] die Funktion, während der Abwesenheit der Mutter stellvertretend für sie zur Verfügung zu stehen und die Trennung erträglicher zu gestalten. Heute gewährleisten sie dem regredierten Ich des Autofahrers das psychische Überleben in der Fremde.

Hinzu kommen Einrichtungsgegenstände wie Kissen, Decken, Teppiche, das Design der Stereoanlage, Ledersitze, holzverkleidete Armaturenbretter und phallusähnliche Schaltknüppel. Diese „Heimat in der Fremde" reduziert einerseits potentielle Befürchtungen, fernab von zu Hause nicht zurechtzukommen, andererseits verschafft sie ein Gefühl von Autarkie im Automobil als den mobilen eigenen vier Wänden. Wie sehr Autofahrer insgeheim die Freiheit in der Fremde fürchten, belegt wiederum die TÜV-Studie. Auf der Landstraße, so die Befürchtung, komme es zu „Konflikten mit Einheimischen". [8] So bedingen sich Ängste und Rückzug gegenseitig: Je größer die Ängste, desto größer die Neigung, sich im Auto größtmögliche Unabhängigkeit von anderen zu verschaffen. Und je mehr das Auto somit zum Refugium wird, desto weniger scheinen Abhängigkeiten zu bestehen, so daß andere Verkehrsteilnehmer als Störenfriede erlebt werden, die die Welt des fahrenden Wohnzimmers von außen bedrohen. Auf dieser Organisationsstufe des Ichs werden andere Personen nur noch bedingt als solche wahrgenommen, was die atemberaubende Rücksichtslosigkeit gegenüber Alten, Kindern, kurz den Schwächeren mit erklärt. Auch der Trend, den Insassen die Unbill von Schlaglöchern und Lärm durch immer mehr Komfort zu nehmen, steigert die Ignoranz: Wer seine Geschwindigkeit nicht mehr als solche erlebt, wird sich über wütende Schülerlotsen in Tempo-30-Zonen ähnlich wundern, wie weiland Herr Bierbaum. Einen Zusammenhang zwischen eigenem Verhalten und der Empörung der Opfer wird man womöglich nicht mehr erkennen. Und selbst Gutwillige müssen schon auf den Tacho sehen, um nicht – wider

---

[7] Vgl. Winnicott, 1951, Übergangsobjekte und Übergangsphänomene, in: ders. Von der Kinderheilkunde zur Psychoanalyse, Fischer, Frankfurt/M, 1985.
[8] TÜV, S. 36.

Willen – zu rasen. Unaufhaltsam wächst die folgenreiche Isolierung vom berühmten Partner im Straßenverkehr, so man den privaten PKW als Mittel der Beförderung wählt.

Als Gegenbewegung erscheint in diesem Lichte die seit einigen Jahren sicher nicht zufällig steigende Beliebtheit mobilen CB-Funks, mit dessen Hilfe sich Isolation und Sprachlosigkeit rückgängig machen lassen. Kein Wunder also, daß gerade bei denen, deren ständiger Begleiter die Einsamkeit ist, CB-Funk besonders hoch im Kurs steht: Fernfahrer zeigen durch die Angabe ihrer Frequenz und ihres Kürzels, daß sie angesprochen werden wollen. Ruf doch mal an! Freilich bleibt auch hier eine Gruppe unter sich, denn selbst wenn Brummi- und Mantafahrer miteinander ins Gespräch kommen, für die Miteinbeziehung von Fahradfahrer oder Fußgänger taugt diese Technik nicht.

Wenn andere schon als Hindernisse betrachtet werden, kommt es auf die adäquaten Mittel zu ihrer Beseitigung oder – wenn das schon nicht geht – Überwindung an. Wo die Welt beängstigend und bedrohlich erscheint und allemal Feindliches droht, bleibt Aufrüstung als probates Mittel der Gegenwehr. Die Festung auf Rädern wird erst verständlich, wenn klar ist, daß Four-Wheel-Drive und Rammstangen, Breitreifen und Seilwinde kaum in hiesigen Breiten zur Anwendung kommen können. Doch was da in der Realität wenig Sinn zu haben scheint, gewinnt auf der Ebene der Phantasie um so mehr an Bedeutung. Es geht um die uneinnehmbare Ritterburg aus alten Kindertagen, den Traum der Unverletzlichkeit, Asterix' Zaubertrank. Dieses Verlangen nach großartiger Unabhängigkeit befriedigt der aufgemotzte Geländewagen (chicker: Off-Road-Car), der jedenfalls vom Gros seiner Besitzer nicht zum eigentlichen Zwecke benutzt werden kann und daher lediglich Freiheit und Geländegängigkeit seines Besitzers symbolisiert; „ich komme überall durch", versichert sich der Fahrer mittels seines Fahrzeugs gegen alle aufkommenden Ängste.

# Größenphantasien und das Fehlen von Angst

Bei all den Ängsten und Nöten, mit denen sich der Automobilist herumplagt, bei all seinen Unsicherheiten und Zweifeln, fragt sich natürlich, warum denn gerade beim Rasen vor Kindergärten oder Überholen auf unübersichtlicher Strecke keine Angst verspürt wird. Denn wenn sich das Ich des Fahrers zum Säugling im Schalensitz verwandelt, müßte der Fahrer dann nicht viel mehr Angst verspüren und sich vorsichtiger verhalten?

Die Regression betrifft hauptsächlich solche Funktionen des Ichs, die affektsteuernd und realitätsbezogen sind, das heißt die Regulation der Gefühle gerät genauso außer Kontrolle wie die Einschätzung der Verkehrssituation, anderer Verkehrsteilnehmer und der jeweiligen Gefahren. Unberührt bleiben aber Funktionen die für die rein technische Ausführung des Autofahrens entscheidend sind: motorische und feinmotorische Fähigkeiten des Fahrers bestehen nämlich weiterhin, denn obwohl Gefahren nicht mehr angemessen beurteilt werden, sind zum Beispiel Vorgänge wie Schalten oder Lenken nicht betroffen. Ähnlich wie ein infektgeschwächter Mensch zwar reizbar, unstet und unvernünftig sein mag, aber natürlich noch einen Brief schreiben oder ein Mobilee aufhängen kann – es fehlt ihm lediglich die Geduld, weshalb das Unterfangen wahrscheinlich scheitern oder es zu einer Auseinandersetzung mit anderen kommen wird.

Diese beiden Ich-Funktionen, nämlich Affektsteuerung und Realitätsprüfung, sind im regredierten Zustand des Autofahrens wesentlich geschwächt. Beim rasenden, in unübersichtlichen Kurven überholenden oder vor Kindergärten mit Tempo-30-Zonen rücksichtslosen Fahrer ist die Realitätsprüfung reduziert, die unter normalen Bedingungen das Ich vor möglichen Gefahren warnen könnte, indem Angst entsteht. Diese – angemessene – Signalangst ist jedoch Zeichen eines reifen Ich-Zustandes, das gänzliche Fehlen von Angst hingegen keineswegs ein guter Ratgeber! Denn die aus der Realitätsprüfung entstehende Angst setzt Omnipotenzvorstellungen Grenzen und rechnet mit der Möglichkeit eigenen Scheiterns. Adäquate Signalangst kränkt den Wunsch nach Großartigkeit, und hilft dem Ich mit Hilfe seines

Gewissens Maße zu setzen und anzuerkennen. Die tendenzielle Maßlosigkeit des Automobils und seiner technischen Entwicklung des immer schneller, immer stärker, immer teurer unterstützt regressive Grenzenlosigkeit, wo die penible Beachtung von Gefahren und Grenzen angemessen wäre. Im Gegenteil verkünden Outfit und Innenleben des modernen PKW und seine Vermarktung das Heil unbegrenzten Wachstums und schrankenloses Ausleben von Größenideen. Längst gibt sich die Werbung keine Mühe mehr, diese rücksichtslose Ausschlachtung infantiler Phantasien noch zu kaschieren. Rasend kommen sie daher, die Autos in den Werbefilmen, assoziert mit fliegenden Pferden und wilden Tieren, denen kein Weg zu weit, kein Hindernis zu groß und keine Schwierigkeit zu groß ist. Dem kleinen Däumeling schwatzt man seine Sieben-Meilen-Stiefel auf, die ihn zwar schnell, niemals aber groß machen können. Doch so lange Däumeling im Auto sitzt, sieht man ihm seine Kleinheit nicht an. Die rasende Flucht vor der eigenen Kleinheit, den eigenen Grenzen, die im Auto scheinbar hinfällig werden, begründet die Maßlosigkeit.

Wie sehr es jeden von uns packen mag, mit oder ohne Verführungskraft der Werbefritzen, kann man leicht bei sich selbst oder anderen Autofahrern bemerken: heftige affektive Reaktionen mit einer latenten oder manifesten Gewaltbereitschaft (solange man nur im Auto sitzt), die man im Fahrstuhl, auf der Rolltreppe oder in anderen Beförderungsmitteln keineswegs ungehemmt passieren lassen würde. Diese verminderte Affektkontrolle des Ichs ist ein ausgezeichnetes Indiz für seine Regression, die den mörderischen Gebrauch des Autos erklärt. Auch hier ist die herabgesetzte Realitätsprüfung und das Fehlen von Grenzen Voraussetzung: Man ist bereit, für einen Meter Vorsprung einen anderen Menschen oder sich selbst umzubringen.

### Anarchie für brave Bürger

Das zeitweilige Ausleben von Größenphantasien und die Leugnung persönlicher Grenzen befreit von den Zwängen und Beschränkungen der Realität. Was täglich beachtet und befolgt sein will, was unter Mühen und Frustrationen den grauen Alltag ausmacht, bleibt draußen, wenn der Wagenschlag sich schließt. Als ob der Einstieg in den PKW den Ausstieg aus Zivilisation und Kultur bedeute, gelten dem Fahrer Regeln, Ge- und Verbote wenig bis nichts. Kein Mensch macht sich etwa große Gewissensbisse bei der Überschreitung von Höchstgeschwindigkeiten oder der Mißachtung von Parkverboten. Die Straße wird zum scheinbar rechtsfreien Raum. Sonst bestehende Schranken und Grenzen, scheinen aufgehoben. Damit ist ein anarchischer Zustand erreicht, der kurzfristig befreiend auf das üblicherweise alle Zwänge und Einschränkungen beachtende Ich wirkt. Das Verrücktspielen findet im Straßenverkehr seinen legitimierten Rahmen, wenn bestehende Ge- und Verbote nicht durchgesetzt oder ihre Überschreitungen augenzwinkernd als Kavaliersdelikte behandelt werden. Ohne daß wir uns genaue Rechenschaft hierüber ablegen, benutzen wir den Straßenverkehr als kurzzeitigen Urlaub von allen Zwängen, als Erholung von Schranken und Grenzen. Jederzeit aufsuchbar wird solchermaßen das Auto zur sozialen Droge, die einen in andere Welten befördert, wo das Ich ausspannen darf. Daß diese Ferien des Ichs durchaus nicht den Erholungswert haben, wie erhofft, ändert daran nichts. Auch wenn man die Straße aggressiver verläßt als man sie aufsuchte, und auch wenn Autoverkehr mehr Aggressionen schafft, als er abbaut, mag der einzelne diesen Kick genießen. Ganz offensichtlich hat der Rausch an sich ausreichend Lustcharakter, um selbst den ärgsten Kater anschließend zu rechtfertigen. Der Verweis auf die Folgen hat noch selten vom Rausch abgehalten, finde er nun im Alkohol, oder in der Geschwindigkeit statt. Rauschhaft jedenfalls ist der Automobilgebrauch allemal, wenn man zum Geschwindigkeitsrausch, den der Gefühle, der großartigen Möglichkeiten, der immens gesteigerten Körperkraft und -potenz und der sozialen Machtentfaltung hinzunimmt.

Vergleichsweise eine untergeordnete Rolle spielt da, welchen persönlichen Fahrstil wir bevorzugen. Bereits in den siebziger Jahren beschrieb das Psychologenteam Berger, Bliersbach und Dellen eine Reihe von sogenannten Fahrformen, von denen einzig die des „Pilotierens" als reife, angemessene Fahrweise betrachtet werden kann. Denn die „Gewißheit eigener fahrerischer Kompetenz,

die nicht mehr erstritten werden muß" dürfte ebenso am Selbsterleben der meisten Fahrer vorbeigehen, wie die beiden anderen
Hauptmerkmale des Pilotierens, „die Einsicht, im Straßenverkehr
gegenüber anderen Autofahrern nichts gewinnen zu können"
und „die Fähigkeit, sich in die Absichten anderer Verkehrsteilnehmer einfühlen zu können"[9]. Demgegenüber sind die übrigen
Fahrformen mehr oder weniger infantil, allen voran selbstverständlich die des Thrill, des Nervenkitzels.

Die „Fahrform der Machtentfaltung", die durch das Ausspielen
des Leistungspotentials des Fahrzeugs automobile Zweikämpfe
mit Sieg oder Niederlage bevorzugt, ist so unreif wie unangemessen. Ähnlich dem Thrillerlebnis ist die Fahrform des Erprobens
durch riskantes Fahren auf Kosten anderer gekennzeichnet. Bevorzugt wird sie von heranwachsenden männlichen Fahrern, die
andere Verkehrsteilnehmer nur benötigen – um sie auszutricksen. Auch nicht unbedingt reifer, aber immerhin weniger gefährlich ist das sogenannte „Gleiten", bei dem andere als störende
Hindernisse beim möglichst entspannten Fahren erlebt werden.[10]
Allen diesen Stilen – bis auf das Pilotieren – sind stark regressive
Elemente eigen. Und Fahrer, deren Weisheit soweit geht, auf
Zweikämpfe und Machtentfaltung, Thrills und Rausch zugunsten eines erwachsenen Verhaltens zu verzichten, laufen Gefahr
im allgemeinen Schlachtgewühl unterzugehen. Der Führerschein
ist heute nicht mehr bitter ersparte Qualifikation oder Ausdruck
gehobener Lebensart, er ist die conditio sine qua non unserer Gesellschaft. Ohne ihn geht nichts mehr und mit ihm geht's erst
richtig los. Der innerlich gereifte Autofahrer, der unberührt vom
Geschehen um ihn herum mit Gelassenheit sein Fahrzeug steuert,
ist wohl am ehesten in den Köpfen der Verkehrserzieher zu
Hause. Anderswo wird ihm übel mitgespielt werden, so er sich
denn auf die Straße wagen sollte.

---

[9] Bliersbach, G., 1979, Warum wir so leicht in Fahrt geraten. Zur Psychologie des Autofahrens, in: Psychologie Heute, 11/79, S. 26.
[10] Vgl. z. B. Berger, H.J., Bliersbach, G., und Dellen R.G., 1975, Fahrformen
und Erlebnisweisen bei der Teilnahme am Straßenverkehr. Bd 25 der Buch-
reihe der Arbeits- und Forschungsgemeinschaft für Straßenverkehr und Verkehrssicherheit an der Universität Köln.

Mit dem Besteigen des Autos findet meist eine Regression des Ichs auf eine frühere Organisationsstufe statt, so daß sich Wahrnehmung, Affekt, Realitätsprüfung und Verhalten infantilisieren. Das Auto bietet seinem Fahrer die Gelegenheit, jederzeit in einen Zustand von Größengefühlen und Allmachtsphantasien zurückzukehren, wobei gleichzeitig – die dieser Entwicklungsstufe gemäßen – Ohnmachts- und Hilflosigkeitsgefühle aufgerufen werden. Zwischen Allmachts- und Ohnmachtserfahrungen spielt sich der automobile Alltag ab: Während ein Autobesitzer einerseits seine persönliche Mobilität um ein mehrhundertfaches steigern kann, indem er sich in einen PS-starken Wagen setzt und hiermit in Richtung Autobahn losrast, ohne die eigene oder die Sicherheit anderer weiter zu beachten, gerät derselbe Fahrer kurz darauf in einen Stau. Dort steht er stundenlang an einem Fleck, hilflos und unfähig sich aus dieser Lage zu befreien, in der er sich zudem noch durch andere Autofahrer, die, gleich ihm rasend, das Stauende zu spät erkennen, tödlich bedroht fühlt. Ähnliches geschieht, wenn jemand mit einem über 200 km/h schnellen Luxusgefährt in europäischen Innenstädten eine Durchschnittsgeschwindigkeit von 7–20 Kilometern erreicht. [11]

Dennoch, das Auto ist als allgemein akzeptierte Droge ohne Anrüchigkeit, als Rausch ohne Fahne und als Refugium der Seele viel zu ideal, als daß es einem reifen Umgang mit Mobilität ohne Not Platz machen wird. Es ist wie mit allen Süchten, seien sie nun legal oder nicht: Man kann sie eingrenzen und ihnen einen Platz geben, abschaffen können wird man sie wohl nicht.

---

[11] Der Spiegel, 11/1991, S. 83.

# Identität und Automobil

## Imagepflege

„Man muß das Image der Marke verteidigen."[1]

Verkauft werden Persönlichkeitseigenschaften eines Fahrzeugs: Stärke und Echtheit, Freiheit, die durch Ungebundenheit entsteht. Der eigentliche Zweck – die rationelle Personenbeförderung – wird gar nicht erst diskutiert (was bei den tatsächlichen Kosten und Risiken auch absurd wäre). Entscheidend sind die Substitute, die dem Käufer für seine Persönlichkeit versprochen werden, das Unechte, das sich als Original ausgibt, die Prothesen des Glücks:

„Ein Mercedes macht immer wieder glücklich. Auch wenn Ihr Mercedes vor Ihnen schon eine Beziehung hatte, wird er Ihnen allen Grund zur Freude geben."

„Jaguar. Raubkatze mit Vergangenheit."

„Mit Vitamin M" wirbt BMW für sein neues Produkt.

„Ab März können sie mit einer neuen Größe rechnen" meint Ford mehrdeutig.

Unverblümt zielt die Automobilwerbung auf eben diese Größengefühle ab, die zu wecken sie beabsichtigt, und ohne die sich heutzutage kaum noch ein Auto an den Mann oder die Frau bringen läßt. Denn wo klar ist, daß Autofahren eine besonders umweltschädliche, teure und gefährliche Art der Beförderung ist, zudem mit immer längeren Staupausen verbunden, hat eine Darstellung dieser Realität wenig Sinn. Deshalb werden die unbewußten Gründe für das Autofahren gezielt angesprochen, das Bedürfnis nach Freiheit, Thrill und die Kompensation eigener Schwächen und eigenen Unglücks. Und das mit deutlichem Erfolg.

---

[1] TÜV, S. 35.

Doch die meisten Botschaften der Automobilwerbung sind nonverbal: „Feelings." wirbt Peugeot und zeigt eine nackte Schöne (und einen Peugeot 205): „Was Sie soeben bewundern, heißt Manuela S. und ist – offensichtlich – ein sehr begehrenswertes Fotomodell. Was hingegen ihre Begeisterung ausgelöst hat, heißt Peugeot 205...". Das erste Pronomen „was", das sich laut Text auf die Dame bezieht, macht sie sogleich zum Ding, zum Objekt, da das Personalpronomen „wen" grammatikalisch korrekt Personen bezeichnet. Wer nun aber meint, hier würde wieder einmal sexistisch mit nackten Frauenkörpern die Männerwelt angesprochen, irrt mindestens teilweise. Angesprochen sind genauso Frauen, die sich in Identifikation mit der jungen Schönen wenigstens das zugehörige Auto leisten können. Verkauft wird das Image der jungen attraktiven Frau. Erworben werden kann es durch den Kauf des feilgebotenen Fahrzeugs, das emotional in die Nähe von begehrenswerter Jugend gerückt wird. So weiß die Werbung längst, was die meisten Fahrer nicht wissen wollen: daß es nicht um rationale Entscheidungsprozesse auf bewußter Ebene geht, sondern um die Logik des Unbewußten. Und darum sind gerade diejenigen besonders für die Verlockungen der Werbung anfällig, die von emotionalen Motiven gar nichts wissen möchten und sich statt dessen hinter einer pseudorationalen Maske verbergen. Wer heutzutage PS-Stärke und Beschleunigungsvermögen, Höchstgeschwindigkeiten und Kurvenverhalten diskutiert, ist den Verführungskünsten der Werbesirenen längst erlegen, auch und gerade, wenn er glaubt, die Wahl seines Wagens durch technische Finessen rechtfertigen zu können.

Für Werbeleute steht ganz außer Frage: Verkauft wird nicht ein Produkt mit bestimmten technischen Eigenschaften und schon gar nicht die Realität auf unseren Straße, denn das käme einer Umsatzkatastrophe gleich. Was beworben und immer erfolgreicher abgesetzt wird, sind Pseudoidentitäten, „innere Bilder über das Produkt oder die Firma"[2], ein Image des Produkts, das zu dem des Käufers werden soll: „Zehnkämpfer gesucht!", lockt VW po-

---

[2] Der Marketingexperte W. Kroeber-Riel, zit. bei: Schwyn, L., Feelings..., in: Schritte ins Offene, 2/92, S. 14.

tentielle Corrado-Interessenten. Und wer es nicht so aggressiv mag, sondern auf innere Werte hält, mag sich so angesprochen fühlen: „Der Geländewagen von Mercedes zeigt da einen sehr aufrechten Charakter!"[3]

Noch nie wurde eine Automobilwerbung gesehen, die – realistisch – den Fahrer im stinkenden Stau, in der nervigen Kolonnenfahrt oder in der morgendlichen Rush-Hour zeigt. Die abschreckenden Seiten des Produkts scheinen wie aufgelöst, wenn man kernige Fahrer in die Morgensonne brausen sieht, neuerdings gar auf Schienen (Opel Omega). Das allerdings hat auf ironische Weise denn doch wieder sehr viel mit dem automobilen Alltag gemein: auf Schienen nämlich wäre man womöglich schneller und streßfreier ans Ziel gekommen. Das Auto vergleicht sich mit einem Schienenfahrzeug: vielsagende Bilanz des Individualverkehrs. Das Verdängte kehrt in der Werbung wieder: Wo wir uns nach leeren Straßen und freier Fahrt sehnen und den alltäglichen Stau nicht wahrhaben wollen, weist die Werbung indirekt immer wieder auf diese Realität hin, wenn sie weite Horizonte, unzerstörte Natur, einsame Fahrer und Autos auf Schienen phantasiert.

Einstweilen läßt sich mit der Fata Morgana der leeren Straße, die so häufig in der Werbung vorgegaukelt wird, noch genügend Eindruck schinden. Wer würde nicht noch einmal gerne mit seinem Wagen über leere Straßen der Sonne entgegenfahren, sich durch unberührte Natur (will sagen, nicht durch das Auto verpestete!) bewegen, den Easy-Rider-Traum verwirklichen? Ungezählte Popsongs und Roadmovies träumen von Highways und dem großen Getaway. „On the road again" – das Travellin' ist Teil einer ganzen Kultur einer Generation geworden, Ausdrucksmittel von Freiheitstreben und Unabhängigkeit, Kampfansage gegen das Establishment. „Get your kicks on route 66", rockten ungezählte Bands. Der alte Bus, der klapprige Kombi, Ente und R4 oder Motorrad waren der sichtbarste Ausdruck des gelebten Protests – neben der Haartracht. Verdächtig, wer ein blitzblankes Auto sein eigen nannte. Doch auch damit war man im Grunde der Politik der Automobilkonzerne schon wieder aufgesessen.

---

[3] Ebenda, S. 12.

Der Wechsel der Automarke oder des Modells stellt nämlich in der Philosophie der Hersteller konsequenterweise auch einen Imagewechsel dar. Jahrzehntelang sollte die Produktpalette eines Automobilherstellers als Karriereleiter vorstellbar sein: Wer mit Opel Olympia oder Kadett begann, schielte eigentlich schon auf den Rekord, Traumziel Kapitän (sein eigener Wirtschafts-Kapitän sein). Im Zeitalter der neuen Unübersichtlichkeit mag so mancher jung dynamischer Aufsteiger mit einem hoffnungsvollen Corsa den Anfang machen, Vectra und Omega folgen, doch auch Cheftypen fahren bisweilen Kleinwagen; das Milieu imitiert allemal mit der abgehalfterten Mercedes-S-Klasse, was es für erstrebenswert, doch unerreichbar hält.

Noch stets ist der Wechsel vom neuen Mercedes zum japanischen Kleinwagen mit Gefühlen der Erniedrigung und Scham verbunden, da der Fahrzeugwechsel den sozialen Abstieg markiert. Im Verhältnis zu Nachbarn, Freunden und Kollegen will das kleinere Auto erstmal gerechtfertigt sein, die ausbleibende Bewunderung des neuen, größeren und teureren Untersatzes verwunden werden. Die Anerkennung gegenüber dem neuen Wagen gilt allemal seinem Besitzer, ihr Fehlen trifft ihn hart.

In diesem Zusammenhang kann man auf den Personalparkplätzen von Krankenhäusern, Firmen oder anderen Einrichtungen eine bemerkenswerte Beobachtung machen. War es vor 20 Jahren noch ein Faux-Pas und finanziell auch kaum möglich, einen größeren Wagen als der Chef zu fahren, so scheinen sich jetzt die Verhältnisse umzukehren: Der Stationsarzt kommt mit dem zerbeulten Kleinwagen, während Pflegekräfte derselben Station mit dem gepflegten neuesten Modell von Mercedes zum Dienst erscheinen. Die ehemals gültige strenge Regelung, daß gemäß Einkommen und Karriereleiter das passende Auto zu wählen sei, gilt nicht mehr. Umgekehrt findet man bei sozial schwachen Schichten absurd große Autos, die ganz offensichtlich die beschämende soziale Stellung kompensieren sollen. Der Stolz auf das Auto verdeckt die Scham über die Lebensumstände.

Bleibt noch ein Notausgang: der Understatement-Wagen, der kleine Flitzer mit der PS-Zahl eines Großen oder das Fragezeichen am Heck, das einstweilen alles offenläßt. Ganz groß rauskommen kann so der Fahrer, ohne vorab Erwartungen durch sein Auto geweckt zu haben, die er fürchtet, nicht erfüllen zu können. So kann er nur gewinnen, weil man nichts von ihm erwarten darf. Und wenn er den Zweikampf verliert, wenn sich seine PS-Potenz als unzureichend herausstellt, hat er nie übertrieben, nichts versprochen, keine Beschämung erlitten.

Neben der Regressionsmöglichkeit bietet der Besitz eines Privatwagens also noch einen weiteren Gewinn: er wird mit unterschiedlichen Pseudo-Identitäten und Rollenklischees verknüpft. Einerseits schreibt man dem Fahrer eines S-Klassen-Mercedes andere Persönlichkeitseigenschaften und soziale Zugehörigkeiten zu, als einem Ente-, einem Geländewagen- oder eben dem berühmten Mantafahrer. Andererseits fungiert der Besitz des Autos als Möglichkeit einer Selbstdefinition. Deshalb war die Ente viel mehr als ein billiges Auto. Sie war Ausdruck einer Haltung, einer politischen Orientierung, Visitenkarte des Besitzers, der sich unter seinesgleichen wie ein Mitglied einer besonderen Loge fühlte. Unbewußt war der hier prototypisch beschriebene Entefahrer natürlich genau dem aufgesessen, gegen das er sich zu wehren meinte: Er übernahm vorgefertigte Rollen oder „Charaktermasken", wie es seinerzeit so unnachahmlich hieß, die „das System" für ihn bereit hielt. Zwar ändern sich solche modischen Strömungen, wenn heute Campingbus und Geländewagen, Cabrio oder GTI als Identitätsprothesen angeboten werden, doch nimmt das Ausmaß solcher Selbstdefinitionen eher zu: Ich bin das Auto, das ich fahre.

So wird das Auto zur aussagekräftigen Visitenkarte, zur Selbstdarstellung eigenen Erfolges, des Lebensstiles und der Persönlichkeit. Vermittels der Blechkarrosse kann ihr Besitzer viel mehr und das in kürzester Zeit über sich mitteilen, als auf konventionelle Weise: Blitzblank poliert oder dreckig und verrostet, aufgemotzt und tiefergelegt oder von der Stange, gebraucht oder neu, mit getönten Scheiben oder in der Sparversion: Wem würden Sie ihre Wohnung vermieten, sich anvertrauen, wen als Kollegen akzeptieren? Mit wem würden Sie gerne ihre Tochter fahren sehen und wen als Nachbarn bevorzugen? Kein Zweifel, auch wenn wir solche Eindrücke als Oberflächlichkeiten abtun wollen, sie beeindrucken uns weit mehr, als wir wahrhaben wollen. Geschäftliche Seriosität oder private Integrität scheinen sich über das Auto zu vermitteln, wir schließen vom Fahrzeugtyp auf den Insassen: Zuhälter oder Spießer, Opa oder Macho, junge ungebundene Frau oder Mutter. Ob „Raubkatze mit Vergangenheit", „Zehnkämpfer" oder „aufrechter Charakter", wir können uns längst nicht mehr von den Klischees lösen, die uns die Werbung liefert.

Und das muß keineswegs auf die Automobilwerbung beschränkt sein, wie die Anzeigen der Zigarettenindustrie deutlich machen. Denn sie hängt sich an die Freiheitsträume des Autofahrens an. „Go West" und Trucking, Rauchen und automobile Freiheit verdichten sich zur gemeinsamen ideologischen Smogwolke. Besonders absurd ist dabei die Idealisierung des Fernfahrens, die von großer Freiheit und Abenteuer phantasiert, wo es um rücksichtsloses Rasen im Akkord auf immer gleichen Strecken geht.

Gegenstück zu dieser phantastischen Realitätsverleugnung ist das Belächeln des Trabbifahrers ob seiner vermeintlich antiquierten automobilen Schwäche. Wen wunderts, daß ehemalige DDR-Bürger ihr aufgeschwatztes Defizit alsbald durch einen beispiellosen Kaufrausch auszuwetzen und sich ihrer als beschämend empfundenen DDR-Trabbi-Identität durch den neuen Audi-80 zu entledigen versuchten. Nach Wiedervereinigung und Währungsunion kauften sich, wie erwähnt, erstmal über 40% der Ostdeutschen ein anderes Auto. [4]

Das Auto als Teil des Selbst bietet dem Durchschnittsbürger existentielle Kompensationsmöglichkeiten. Wo alte Orientierungen und Werte, familiäre Bindungen, religiöse Bezüge und Bodenständigkeit (die das Auto ja gerade zerstört) aufgelöst werden und mithin auch die damit vormals erreichte persönliche Sicherheit und Identität, beginnt die Suche nach Ersatz, der jedoch nicht mehr durch verbindliche, umfassende Systeme geboten wird. [5] Der

---

[4] Frankfurter Rundschau, 25. 1. 1992.
[5] Vgl. hierzu Hilgers, M., 1988, Der Januskopf der „Neuen Mütterlichkeit", in: Praxis der Psychoth. u Psychosom. Heft 33, S. 321–327, Springer, Berlin, Heidelberg, New York, und Bastian T, Hilgers M, 1989, Natur erlöst nicht, in: Universitas, 44, Heft 7/90, S. 664–673, Wissenschaftliche Verlagsgesellschaft, Stuttgart.

Mensch in der postindustriellen pluralistischen Dienstleistungs-
gesellschaft ist selbst ge- und überfordert, sich Identität und Wer-
tesystem zu erarbeiten. Der Griff nach Pseudo-Identitäten wird
dort zwingend, wo der Betreffende mit dieser Auseinandersetzung
überfordert ist. Je umfassender solche Bereiche sind, desto kli-
scheehafter werden die Versatzstücke sein, auf welche zurückge-
griffen wird, um die Defizite zu füllen. Das Auto als Ersatzidenti-
tät erscheint als eine hervorragende Möglichkeit sich selbst und
andere zu definieren.

Das erklärt die enorme Popularität uriger Geländewagen, die
„das Original" verkörpern sollen, das man selbst nicht ist und von
dem man auch nicht weiß, wo man es suchen könnte. Die falsche
Identität durch das Auto ist echt, behauptet die Werbung. Wo alte
Bindungen, Berufs- und Rollenidentitäten zunehmend fragwürdi-
ger werden, wo Verbindlichkeiten und Zugehörigkeiten aufgelöst
sind, bietet der private Automobilbesitz klischeehafte Kompensation. Durch die verschiedenen angebotenen Typen und Modelle,
ihre Accessoires und das ihnen jeweils zugewiesene Image ergibt
sich eine Kollektion von Autoidentitäten quasi von der Stange:
Der robuste Geländewagenfahrer und seine chice Frau, der
schnelle Sportliche, die junge dynamische Frau, der gesetzte Erfolgreiche, die flotte ältere Dame, der/die Intellektuelle und ihr
schwedisches Auto usw. Diese Pseudoidentitäten bieten zudem
den Vorteil, ständig an die Erfordernisse angepaßt werden zu können, wesentlich schneller jedenfalls als der Träger echter Identität
es je vermöchte. Der Sinn des Lebens, das wahre Selbst, verkörpert
durch Alufelgen und Heckspoiler, durch Campingbus oder Cabrio. Wo das Echte, das Eigene abhanden kommt, nähert sich das
original Falsche mit sanftem Brummen oder kernigem Röhren.
Das Auto ist längst zu Identitätsersatz und Seelenprothese geworden, die sich seinem Besitzer nicht schadlos entwinden lassen.
Prothesen entzieht man nicht einfach, Krücken schlägt man ihrem Träger nicht aus pädagogischen Gründen weg; das Auto als
Kompensation läßt sich nicht schadlos ersetzen, wo es Halt und
Sinn, Selbstfindung und Selbstdarstellung in einem ist.

# Freizeit oder Leere

Immer mehr Menschen wissen nichts mit ihrer Freizeit anzufangen, ja sie fühlen sich von der entstehenden Leere bedroht. Bereits heute, so eine Untersuchung von Freizeitforschern, empfindet jeder dritte das Alleinsein in der Stille als Streß und beileibe nicht als Wohltat.[6] Und das wird nach Meinung der Forscher in den kommenden Jahren bei steigender verfügbarer Zeit noch zunehmen, wenn nämlich aggressive Freizeitgestaltung, wie Thrills und Gewalt als Ausweg aus der Leere erscheinen – zusammen mit Reisen. Wie dieses Reisen dann aussehen wird, davon bekommen wir heute schon einen Vorgeschmack. Was Wunder, daß sich hier in erster Linie das Automobil anbietet, die Sucht nach Abenteuern und Gewalt zu befriedigen.

Daß unsere Art des Reisens, der Massentourismus, zerstört, was er sucht, hat sich mittlerweile herumgesprochen. Das einsame Fischerdorf, die unberührte Idylle, selbstverständlich verkehrstechnisch gut zu erreichen, werden zu Attrappe, wenn sie der Fremdenverkehr erst einmal erfaßt. Drum suchen wir den Gral jenseits der Straßen und Touristenzentren, am besten mit dem Geländewagen, der sicherstellt, daß wir auch noch den letzten Fleck unberührter Landschaft erreichen – und im selben Moment zerstören. Ist die Natur- und Landschaftszerstörung erst einmal weit genug fortgeschritten, hüllen wir sie in ein süßliches Bild und gefallen uns bei der Rallye, camelrauchend mittendrin.[7]

Das Auto, ob in Betrieb oder in eingeseiftem Zustand, als Bastelobjekt oder Fetisch, gestaltet die Freizeit von immer mehr Menschen. Es entlastet von der quälenden Leere, die entstünde, wenn sich die Frage nach dem Sinn des Daseins stellt, es strukturiert, wo sonst Ehekrach oder Kindergeschrei, Depression oder Langeweile anstünden. Das Auto ist der Sinn des Lebens, dessen Inhalt es ist und für das man arbeitet. Das Auto ist sich selbst genug. Wer sich durch freie Zeit bedroht fühlt, weil sie ihm Leere bedeutet, der

---

[6] Süddeutsche Zeitung, 14. 1. 1992.
[7] Bastian, T., Hilgers, M., 1989, a. a. O., S. 664–673.

wird sich das Auto nicht nehmen lassen, wenn die Leere nicht anderweitig gefüllt wird.

Kaum eine Freizeitgestaltung, in der nicht das Auto entweder Mittelpunkt oder Voraussetzung oder gar beides ist. Ob Urlaub oder abends noch schnell zum Baggersee, ob Quizrallye oder Spritztour, Einkauf in der benachbarten Stadt oder Fahrt ins Grüne, Museumsbesuch oder Erkundungstour, ohne Auto scheint alles nichts und nichts mehr beim alten. Selbst als „Knutschkugel", als Ort der sexuellen Autonomie von den Eltern ohne Hotelkosten, stellte das Auto lange Zeit die conditio sine qua non dar. Stundenlanger Fachsimpelei liefert es Material und damit Gesprächsstoff, wo sonst nichts zu sagen wäre. Es ernährt zahlreiche Journalisten entsprechender Fachblätter und ist Vorlust zahlreicher Autofahrer durch Studium und Vergleich verschiedener Typen vor dem Kauf.

Auto und Freizeit scheinen zu einem Begriffspaar zusammengewachsen, Synonyme für Urlaub, Entspannung und Abenteuer. Wer das Auto in Frage stellt, sieht sich unversehens mit heftigem Widerstand konfrontiert, als ob er die freie Zeit, die Freiheit des einzelnen abzuschaffen gedächte.

## Zubehör: Fetisch und Fuchsschwanz

Das Design der ersten Autos verriet ihre Herkunft: Kutschen, bei denen die Pferde ausgespannt, dafür aber ein Motor hinzugefügt war.[8] Ihr Styling hatte den Charme des Aufbruchs, der Neuerung. „Tin Lizzy", Fords legendäres T-Modell, wurde zwischen 1908 und 1927 15 Millionen mal verkauft. Sein Erfolg gründete auf Henry Fords Idee, ein erschwingliches Auto für die breiteren Massen zu produzieren, ohne jeden Zierrat und Schnickschnack. Kostete ein „Flivver", wie der Ford auch hieß, 1909 noch 850 Dollar, so fiel sein Preis auf 300 Dollar im Jahre 1927.[9] Erst als sich das

---

[8] Vgl. Sachs a. a. O.
[9] Vgl. Marsh, P., Collet, P., 1991, Der Automensch, Walter, Olten und Freiburg i. Breisgau.

Auto immer mehr durchsetzte und Anfang der dreißiger Jahre in Deutschland etwa 1% der Bevölkerung über eines verfügte, mußte sein Äußeres auch Komfort und Bedienungsfreundlichkeit aufweisen. Damit erschloß es sich den breiten Markt derer, die ihren Wagen selbst steuern und sich nicht durch einen Chauffeur herumkutschieren lassen konnten oder wollten. Und das charakterisiert auch gleich den Werdegang des Automobils: Von oben, nämlich den reichen Oberschichten tritt es seine abwärtsgerichtete Karriere an, eine Leiter nach unten, zu immer neuen Käuferschichten, die zwangsläufig auch über immer weniger Geld verfügten. Bugattis wurden auch früher nicht für den kleinen Angestellten produziert, der aus zweckrationalen Überlegungen ein Fahrzeug hätte brauchen können. Autofahren war und ist Ausdruck des Lifestile, der gehobenen Eleganz und des Reichtums.

Erst 1970 hatte es auch der Arbeiter in der Bundesrepublik geschafft: Mehr als die Hälfte aller Arbeiterhaushalte besaß nunmehr den eigenen fahrbaren Untersatz, das ehemalige Privileg der reichen Klassen. Lange genug hatte es gedauert, bis Arbeitnehmerbewegung und Automobilindustrie in Allianz diese Marge erreichen konnten. Tarifauseinandersetzungen und der lange Kampf für die Errungenschaft des eigenen Gefährts einerseits und konsequente Verbilligung des Autos und die Erschließung immer neuer Märkte andererseits hatten es möglich gemacht. Helmut Schmidt, ganz auf dieser Linie, zeigte 1965 als damaliger Verkehrsexperte seiner Partei auch gleich die Konsequenzen auf: „Jeder Deutsche soll den Anspruch haben, sich seinen Wagen zu kaufen. Deshalb wollen wir ihm die Straßen dafür bauen."[10] Tatsächlich setzte um die siebziger Jahre eine beispiellose Asphaltierungsbesessenheit ein, um dem Auto als Errungenschaft der Arbeiterbewegung seinen Bewegungsraum zu verschaffen; Die Verkehrsopferzahl erreichte 1970 ihren traurigen Rekord mit 19193 Toten.

Diese Stimmung unter Sozialdemokraten und Gewerkschaftern, die das Auto als Trophäe im Kampf um mehr Rechte und Lebensqualität des Arbeitnehmers begreift, ist auch heute noch in Diskussionen vor Ort zu spüren. „Dafür haben wir lange genug

---

[10] Der Spiegel, 11/91, S. 79.

gekämpft", wird mit Stolz und dem heiligen Zorn des Gerechten vorgebracht, dem die zustehenden sozialen Errungenschaften wieder entwunden werden sollen. Und dieser lange Weg des Autos von den oberen Schichten nach unten zu den breiten Massen, der Kampf um das Auto als Ausdruck von Wohlstand und Lebensqualität für alle, mag einen Teil der innigen Liebe zu ihm erklären. Der Erwerb des ersten eigenen Autos, wer erinnert sich nicht an diese besondere Stunde? Dem teuren Luxusartikel weicht der Flair des Besonderen bis heute nicht, und Preise und die erhebliche finanzielle Anstrengung der Familie bzw. des Käufers sorgen noch immer für das exquisit-aufregende Gefühl, es geschafft zu haben. Man heißt es willkommen, wenn es schließlich da ist, wie den ersehnten Nachwuchs, der sich endlich einstellt, gibt ihm einen Namen oder pflegt und wäscht es, als ob es einnässen würde. Und vollständig, perfekt ist es dennoch nicht. In den Augen vieler Besitzer benötigt es Zubehör, Accessoires, persönlichen Schmuck.

Denn zwangsläufig stellt sich gleich nach Erhalt des ersehnten Gefährts Enttäuschung ein. Das geliebte Objekt weist bei genauerem Hinsehen doch Mängel auf, ist nicht das perfekte, von allen Fehlern freie Ideal, das man phantasierte, als man es noch nicht besaß. Aus der Ferne wirken Konsumgüter edler, als von nahem betrachtet. „Wir beglückwünschen Sie zum Kauf dieses hochwertigen…; Sie haben eine gute Wahl getroffen…", beeilen sich darum die Produktmanager zu versichern, wenn man Bedienungsanleitungen oder Handbücher aufschlägt. Eventuelle Enttäuschungen und Zweifel an der Richtigkeit des Kaufs sollen so zugunsten des Produkts abgebügelt werden. Daß das auf die Dauer nicht gelingen kann, liegt auf der Hand, wenn der Besitzer mit seinem neuen Auto tagein tagaus lebt. Und das ruft Spannungen in ihm hervor, die abzubauen sich der Markt der Zubehörteile anbietet. Denn wessen Geldbeutel nach dem Feststellen der Macken und Tics seines Autos nicht erlaubt, einfach Marke oder Modell zu wechseln, der kann versuchen, anderweitig Abhilfe zu schaffen. Sonnendach (chicer: „sunroof") Breitreifen, Alufelgen und nachträgliches Tuning, Heckspoiler und Zusatzscheinwerfer, verdunkelte Scheiben und eingetönte Hecklampen, Chrom und Profischwarz helfen die Realität des eigenen Autos zu kaschieren.

Das Traumobjekt Auto dient der Realitätsflucht, ist aber auch selbst Anlaß zur Realitätsverzerrung, wenn man es idealer träumt als es ist. Die Fahrt in eine bessere Welt mit dem Auto ist die eine Seite, die Vorstellung von einem besseren Auto als man besitzt, die andere. Man entflieht der Welt durch das Auto und man entflieht der Begrenztheit des Autos, indem man ein besseres träumt. Das Auto als Phantasieobjekt ist Realitätsflucht im doppelten Sinne, es ist zugleich Mittel und Anlaß.

## Vom Zweck des Zubehörs

Welchem Zweck nun das eine oder andere Zubehörteil dient, ist da nicht immer klar auszumachen, zumal viele Accessoires beiden Zielen dienen können. Neben diesem Realitätstuning werden mittels Aufmachung aber auch Ängste bekämpft und das Selbst des Fahrers aufgemotzt und dargestellt. Obendrein schmückt man, was man liebt, zeichnet es aus, verehrt und pflegt es.

Das klassische Zubehörteil der sechziger Jahre ist der legendäre Fuchsschwanz, der nach Eintritt in das sogenannte Rowdyalter zunächst das Moped, sinnigerweise Florett oder Herkules geheißen, zierte, um schließlich seinen Platz an der Antenne des ersten eigenen Gebrauchten einzunehmen. Der Fuchsschwanz macht auch gleich seinen Gebrauchswert deutlich und charakterisiert damit zukunftsweisend all die Accessoires die nach ihm kommen sollten: einziger Zweck dieses behaarten Körperteils war die Selbstdarstellung, der frei im Wind wedelnde Phallus des Jugendlichen, der zum Mann wurde und das mehr oder weniger naturalistisch demonstrierte. Der Vorteil liegt in der Verwendung eines Symbols – freilich eines relativ Geschehensnahen. Denn ohne sich bewußt zu machen, was da offen zur Schau gestellt wurde, ließ sich die Männlichkeit vor Gleichaltrigen beiderlei Geschlechts zur Schau stellen, gänzlich ohne Gefühle der Scham. Der Stolz über Moped oder Auto und seine phallische Funktion hätten bei direktem Ausdruck zu Empörung und Beschämung geführt. Die Verwendung des Symbols ermöglicht die notwendige Vergewisserung der noch labilen Geschlechtsidentität vor seinesgleichen. Damit ist der Fuchsschwanz der Prototyp aller phallischen Accessoires, wenn auch ein vergleichsweise harmloser.

Das mindestens ebenso klassische Gegenstück zum Fuchsschwanz ist die gleichfalls aus jenen Jahren stammende Blumenvase. Das kühne Styling der Nierentischzeit nicht verleugnend, prangte sie am Amaturenbrett und symbolisierte – als Gefäß eher weiblich-mütterlich – das (traute) Heim auf Rädern, Gemütlichkeit in der Ferne. Wo der jugendliche Fuchsschwanz aufbegehrte, rückte die Vase die Dinge wieder an ihren angestammten Ort, auf daß dem Protest die Anpassung folge.

Das Trio infernal komplettierte schließlich das von Mama persönlich mit dem Autokennzeichen ausgestattete Kissen im Fond oder – leicht anrüchig – die umhäkelte Klorolle. Auch dem psychologisch ungeschulten Leser dürfte unmittelbar einleuchten, daß die beiden letzteren weniger mit aggressivem Potenzgehabe zu tun haben als der bereits erwähnte Fuchsschwanz. Die Klorolle oder das heimische Kissen betonen vielmehr die Unabhängigkeit in den fahrbaren vier Wänden, sie reduzieren die Angst in der Fremde durch die Mitnahme des Vertrauten.[11]

Unabhängig von ihrem Gebrauchswert (ein Radio kann zum Beispiel auch in einem Auto bei normaler Lautstärke betrieben werden), dient die Vielzahl von Zubehörartikeln der psychologischen Aufgabe, Ängste und Nöte des Fahrers zu bekämpfen. Die Abwehrfunktion vielerlei Zubehörteile richtet sich auf verschiedene Angstquellen und nutzt unterschiedliche Formen:

1. Betonung phallischer Potenz und Exhibition des Eigenen. Die Autoausstattung dient der (Selbst-) Darstellung sexualisierter Kraft und Stärke, teils auch in aggressiver Form. Längst ist der Fuchsschwanz durch einen einzelnen Scheibenwischer abgelöst worden, der, wenn nicht in Betrieb, in erigiertem Zustand hoch aufrecht in der Mitte der Frontscheibe prangt. Lediglich dezenter treiben es Serienaustattungen der großen Hersteller wie Mercedes,

---

[11] Darin liegt der Erfolg der Mc-Donalds-Imbisse begründet, die immer gleiches Interieur und immer gleiche kulinarische Katastrophen rund um den Erdball bieten. So muß sich der Reisende nicht umgewöhnen, die Toilettentüre ist immer erkennbar, man muß nicht schamhaft fragen, es gibt keine ängstigende fremde Speisekarte, es ist alles wie daheim – bei Muttern.

die ihn immerhin im automobilen Hosenlatz verpacken, wenn er nicht benötigt wird. Auch manche Aufkleber, wie koitierende Rammler, Sprüche sexuellen Inhalts usw. zählen hierzu.

2. Die ängstliche Versicherung eigener Unabhängigkeit in der Fremde, die man mit dem Auto aufsucht: Klo-Rollen und Einrichtungsgegenstände vermitteln das Gefühl, man sei eigentlich doch zu Hause geblieben, für Reisefieber und diverse Ängste gäbe es gar keinen Anlaß. Das Vertraute beruhigt und läßt das viele Fremde, das einem am Fenster begegnet, weniger bedrohlich erscheinen. Das Auto wird zur defensiven Festung.

3. Das Auto als aggressive Festung: Rammstangen und 300-Watt-Stereo-Anlage, aggressives Outfit und die Betonung narzißtischer Unabhängigkeit stellen die eigene Größe heraus und setzen andere herab. Ängste werden durch die Förderung aggressiver Größengefühle und die Bedrohung anderer Verkehrsteilnehmer bekämpft.

Neben diesem Zubehör erfreuen sich Aufkleber großer Beliebtheit. Erstmals in den siebziger Jahren anläßlich der Bundestagswahlen ließen sich die automobile Hinterteile von SPD- und CDU-Wählern auseinanderhalten: die Nationalfarben waren entweder schön gekramt oder in Wellenform dargestellt, womit unschwer der chaotische Sozi vom ordentlichen CDU-Anhänger zu unterscheiden war. Das Heck des Kraftwagens war zur Plakatierung freigegeben: Atomkraft? Nein danke!, Aufkleber der Friedensbewegung oder die Meinung zur 35-Stunden-Woche, wie auch gänzlich unpolitische Blödeleien machen mit dem Fahrer bekannt. Ganz offensichtlich wird die Anonymität und Isolierung des Autofahrens nicht nur als befreiend erlebt. Zugleich wächst das Bedürfnis, die Trennung von anderen Verkehrsteilnehmern rückgängig zu machen und dem Auto Identität, dem Massenprodukt gleichen Aussehens Unverwechselbarkeit zu verleihen. Viele Autofahrer versuchen ein Kennzeichen zu ergattern, das die Initialen ihres Namens wiedergibt oder auf die Einzigartigkeit ihres Autos oder ihrer Person verweist.

Besonders verrückt erscheint die Bearbeitung des eigenen schlechten Gewissens: Die Weissagung der Cree-Indianer, mit der die Umweltzerstörung drastisch beschrieben und angedroht wird, daß wenn kein Fisch und kein Baum mehr lebt, offenbar werde, daß man Geld nicht essen kann, wirkt am Heck eines Autos wie die Currywurst in der Hand des Diätberaters.

## Liebesbeziehung: die emotionale Bindung ans Auto

Die automobilen Requisiten haben also – neben einem potentiellen Gebrauchswert – gleich mehrere Funktionen; sie dienen der scheinbaren Verbesserung gegenwärtiger Lebensumstände und der Ausbesserung enttäuschender Mängel am eigenen Wagen, sie reduzieren Ängste, die sich bei zunehmender Mobilität ergeben, und sie motzen das Selbst des Fahrers auf. Schließlich sind sie die oftmals überdimensionierte Visitenkarte ihres Eigners.

Es scheint manchen Käufergruppen schwer zu fallen, sich mit teuren Konsumprodukten von der Stange abzufinden. Allzuleicht verwandelt sich die Ware in einen Fetisch. Das gilt auch für andere Luxusgüter, zum Beispiel des Hifibereichs, die zu Fachsimpelei, zwanghaftem Ausbessern irgendwelcher Mängel, die der Besitzer zu entdecken glaubt, und Aufschneiderei Anlaß geben. Durch Goldstecker, besondere Kabel und ausgesuchte Detailverbesserungen soll hier das ideale Klangerlebnis verwirklicht, das Absolute und Perfekte erreicht werden. Das gelingt natürlich nie. Deshalb bleibt der Besitzer ständig auf der Suche nach der klanglichen Erlösung. Wer mittels Auto oder anderen Konsumprodukten ein perfektionistisches Ideal zu verwirklichen sucht, um letztlich sich selbst aufzuwerten, entwickelt eine emotionale Bindung an das Produkt, die ihm eine Aufgabe oder eine Relativierung ausgeschlossen erscheinen lassen. Der Fetisch verkörpert das Ideal, das man selbst sein möchte, aber nicht kann. Er besänftigt eigene Gefühle von Unzulänglichkeit und Impotenz durch seine phantasierte Idealität, und es werden ihm magische Eigenschaften zugeschrieben. Das Auto – blitzblank poliert und ohne jeden äußeren Makel – magisch-scharz und geschmückt mit vielerlei Accessoires scheint unbegrenzte Fähigkeiten zu bekommen, die sich durch seinen Gebrauch auf den Besitzer übertragen, wie Asterix' Zaubertrank. „Alles ist möglich. Toyota", unterstreicht die Werbung. Es wird zum vergötterten Liebesobjekt, zum magischen Hilfsmittel. Mancher Comic und manche naive amerikanische Fernsehserie zeigen solche Superautos, die allwissend, mittels Radaraugen durch Wände schauend mit sanfter Stimme zu ihrem Besitzer sprechen und ihm ihre magischen Kräfte leihen. Diese übersinnlichen Wesen haben göttliche Charakter und werden – konsequenterweise – entsprechend verehrt. Der Frevel gegenüber dem Göttlichen liegt dann sehr nahe: Wehe, wer an mein Auto kommt!

Eine immer wieder zu findende Zeitungsmeldung schildert, wie ein Autofahrer zum Amokläufer wird, der andere wahllos verprügelt, nachdem sein Fahrzeug versehentlich durch einen Fußgänger angekratzt oder lediglich berührt wurde. Diese scheinbar völlig unangemessene und unerklärliche Reaktion bleibt nur solange rätselhaft, wie man der Meinung ist, der Fahrer habe nur sein Kraftfahrzeug beschädigt gesehen. Hat das Auto aber Fetischcharakter und dient es der Kompensation unbefriedigender Lebensumstände oder eigener Minderwertigkeitsgefühle, dann richtet sich die vermeintliche Attacke subjektiv gegen das Auto als Symbol für die eigene Person, es handelt sich um eine Bedrohung des Selbst, der Identität, auf die der Autobesitzer konsequent mit allen Mitteln reagiert.

Wie das Beispiel Hifigeräte zeigt, ist die idealisierende Verehrung nicht nur dem Auto gegenüber häufig. Während das Fahrrad über lange Jahre ein Schattendasein neben dem Auto führte und den Geruch des Spießig-Ärmlichen hatte, der sich auf den komischen Besitzer mit seinen hochgekrempelten Hosen übertrug, änderte sich das in den letzten Jahren durch ein neues Image des Zweirads. Mountainbike und Tourenrad, Rennrad und Eigenprodukte mit Beiwagen, Anhänger oder gar Verkleidung gegen Wind und Wetter machten das Fahrrad plötzlich salonfähig. Metalliclegierungen, ausgetüfteltes Zubehör und – selbstverständlich – das Styling des Fahrers taten ihr übriges. Und so tritt das Fahrrad verrückterweise in die Fußstapfen des Fetisch Autos, das in Teilen abzulösen oder dessen Bedeutung zu relativieren es in den letzten Jahren just aufgebrochen war. Manche begeisterte Freizeitradler werden ihr Rad auf das Autodach schnallen, um solcherart in den Wald zu gelangen, der – autounberührt – der Eroberung per Mountainbike harrt.

So drohen Bewußtsein und Haltung, die den Gebrauch des Kraftfahrzeugs so destruktiv machen, auf das Fahrrad überzugehen. Der bloße Austausch von Konsumprodukten ändert die zugrundeliegende Haltung noch nicht, moderiert bestenfalls ihre Auswirkungen.

# Gruppenprozesse: Das Wir im Straßenverkehr

## Erwartungen und Ängste

Mutterseelenallein stecken wir zu tausenden im Stau. Ein Antropologe könnte beim Anblick morgendlichen Berufsverkehrs den Eindruck gewinnen, der Mensch sei ein unverbesserlicher Einzelgänger. Dennoch: Straßenverkehr ist ein Gruppenphänomen. Zwar regredieren wir durch die Benutzung des Automobils, doch bilden wir mit jenen, die wir als Hindernisse oder Armleuchter, als Raser oder Penner erleben, trotz allem eine Gruppe. Das mag überraschen, wenn man sich unter einer Gruppe eine feste Ansammlung von Personen vorstellt, die ein gemeinsames Ziel haben, an einem Thema arbeiten oder sich regelmäßig treffen. Nichts von alledem scheint auf eine Verkehrssituation zuzutreffen. Ähnlich wie im Supermarkt an der Kasse, am Wühltisch des Kaufhauses oder im öffentlichen Verkehrsmittel handelt es sich um eine offene Gruppe: An der Ampel steht man mit anderen Autofahrern und wartet, nimmt vielleicht Blickkontackt mit einer Fußgängerin auf, bemerkt einen Fahrradfahrer, von dem man annimt, daß er abbiegen möchte usw. Mit manchen Gruppenmitgliedern verbindet uns eine Wegstrecke; wir sehen uns an der nächsten Ampel wieder, ärgern uns über den Motorradfahrer, der sich mitten durchschlängelt und versuchen selbst, einen anderen Autofahrer bei einer Spurverengung auszutricksen. Ständig verlassen einige Verkehrsteilnehmer die Gruppe, um womöglich in eine andere einzutreten, während gleichzeitig auch jederzeit neue Gruppenmitglieder hinzukommen. Weder existiert ein definiertes Gruppenziel, noch bestehen Rahmenbedingungen, die sich die Gruppe selbst gegeben hätte, wie z. B. ein fester Zeitpunkt der gemeinsamen Zusammenkunft. Die einzige Gemeinsamkeit besteht in der gleichzeitigen Teilnahme am Straßenverkehr. Kann man dann überhaupt von einer Gruppe im psychologischen Sinne sprechen? Wenn man unter einer Gruppe die freiwillige Zusammenkunft freier Individuen mit einem gemeinsamen Interesse versteht, dann ist das wohl schwerlich möglich.

Doch dürfte dieses Ideal ohnehin auf die wenigsten Gruppen zutreffen. Und was schwerer wiegt: Ganz ähnliche Phänomene, wie man sie in mehr oder weniger konstituierten Gruppen findet, zeigen sich auch im Straßenverkehr zwischen den beteiligten Personen – gleich ob sie mit ihrem PKW oder zu Fuß, mit Fahrrad oder Motorroller unterwegs sind: Phantasien und (Vor-) Urteile. Gegenseitige Erwartungen und Ängste prägen das Geschehen und bestimmen maßgeblich, wie sich die Teilnehmer verhalten. Es lohnt sich also, den Straßenverkehr unter gruppenpsychologischen Gesichtspunkten zu untersuchen. Verkehr ist ein soziales Phänomen und seine Konflikte sind es auch.

Im wesentlichen geht es um folgende Bereiche:

1. Die wechselseitige Abhängigkeit aller Verkehrsteilnehmer von einander.

2. Phantasien der Verkehrsteilnehmer über sich und andere.

3. Die zunehmende Aggressivität im Straßenverkehr

4. Die relative Beziehungslosigkeit in der anonymen Gruppe und die gleichzeitige Unmöglichkeit, nicht zu kommunizieren.


### Abhängigkeiten

So paradox es klingt: Der Raser benötigt Langsamfahrer, um seine Geschwindigkeit erst richtig erleben zu können. Denn eine Fahrt mit 200 km/h auf leerer Fahrbahn ist ebenso langweilig und öde wie eine mit 100 km/h oder 60km/h. Die rechte Lust am Rasen, der Rausch der Geschwindigkeit will sich erst einstellen, wenn man andere überholt, hinter sich läßt oder bedrängelt.[1] Die Geschwindigkeitsinformation durch vorbeiflitzende Hindernisse,

---

[1] Vgl. auch Bliersbach, G., 1978, Interaktionsmuster und Interaktionskonflikte beim Autofahren, in: Gruppendynamik Jg. 9, S. 238–248.

durch langsamere Verkehrsteilnehmer und das Gefühl, immer mehr Fahrzeuge hinter sich zu lassen und immer weiter in den imaginären Raum vor sich einzudringen, braucht langsamere Fahrer als Objekte, die man zurückläßt. Ob rascher Spurwechsel in der Innenstadt, Durchschlängeln mit dem Fahrrad oder Blinken und Linksfahren auf der Autobahn, erst der Langsame gibt dem Schnelleren das Gefühl von Geschwindigkeit und Überlegenheit. Die Relativität der eigenen Geschwindigkeit wird erst zum absoluten Größengefühl durch den Vergleich mit dem anderen. Wie das Auto das Benzin, so braucht der Raser den Langsamfahrer, will er seine Größengefühle von Superiorität und Allmacht erleben. Denn wo „Penner" und „Armleuchter" fehlen, da ist man auch selbst nicht der Größte. Für das narzißtische Größenerlebnis ist also der entwertete andere Verkehrsteilnehmer vonnöten.

Die wachsende Verkehrsdichte hat demnach durchaus zwei Seiten: Einerseits „stören" immer mehr Verkehrsteilnehmer als Hindernisse den eigenen ungehemmten Bewegungsdrang und lösen aggressive Affekte aus. Andererseits sind diese behindernden Objekte der willkommene und auch notwendige Kontrast, um zum eigenen Größenerlebnis zu kommen. Andere Verkehrsteilnehmer, die entwertet werden, dienen der Stabilisierung des Selbstwerterlebens und der Selbstdarstellung. Gleich welches individuelle Verkehrsmittel man wählt, und gleich auch, wer einem begegnet, andere werden solcherart zu Statisten des eigenen Bühnenstückes, zu Hindernissen, ohne die es eben auch keine Geschicklichkeitsbeweise gäbe. Ähnlich dem Slalomlauf sind Hindernisse zwar lästig, aber ohne sie gibt es eben auch keine Goldmedaille für den Sieger der Abfahrt.

Und zum Hindernis wird man, ehe man sich versieht. Wer immer sich per PKW auf die Straßen begibt, muß weniger die Straßenverkehrsordnung als viel mehr eine Gruppennorm beachten: Fahre so, wie alle hier fahren! Welche Norm höhere Priorität hat – Gesetz oder Gruppenzwang –, das kann man überprüfen, indem man auf voller Autobahn den Sicherheitsabstand einzuhalten versucht. Wer mit – sagen wir – 120 km/h auf der Autobahn unterwegs ist, der hätte bei trockener Fahrbahn laut ADAC-Empfehlung 60 Meter zwischen sich und dem Vordermann zu lassen.

Diese 60 Meter bleiben bei dichtem Verkehr aber niemals frei, denn bereits nach kurzer Zeit wird sich vor einem ein Überholer einordnen. Um den Sicherheitsabstand wiederherzustellen, ist man man daher gezwungen, seine Geschwindigkeit zu verringern. Das aber führt zu noch mehr Überholern, die den Sicherheitsabstand erneut zunichte machen, in immer schnellerer Abfolge. Immer langsamer fahrend, wird man nun endgültig zum Hindernis, an dem andere kopfschüttelnd vorbeirasen. In diesem Fall hat die Gruppennorm über den Verkehrsfluß höhere Gültigkeit als gesetzliche Vorschriften. Ganz ähnlich verhält es sich auch bei den meisten Geschwindigkeitsbegrenzungen. Es wird erwartet, daß schneller als erlaubt gefahren wird, und so man dieser Erwartung nicht nachkommt, ruft man Erstaunen, Ärger und Verachtung hervor. Da kein klärendes Gespräch zwischen den Beteiligten möglich ist, wird die Gruppennorm besonders rigide gehandhabt. Zudem wird der Einzelne relativ konstant von den Überholenden oder schnelleren Fahrern „getadelt", was recht bald zu Anpassung und Schutzmaßnahmen führt. Auf diese Weise findet ein Lernprozeß statt, der alles andere als einer Demokratie und ihres mündigen Bürgers würdig ist: Passe dich an, mach's wie alle, oder du bist ein verachtungswürdiger Idiot.

„Im übrigen braucht man sowieso keine Begrenzungen, weil man nicht nach Gebot und Tacho, sondern nach Gefühl fährt."[2] Dieses Gefühl ist aber Produkt der Lernerfahrungen und der in der gegenwärtigen Verkehrssituation gültigen Gruppenzwänge.

Gruppenormen und die kollektiven Vorurteile über zum Beispiel BMW- oder Mercedesfahrer machen sich schon beim Auftauchen solcher Fahrzeuge im Rückspiegel bemerkbar. Die autonome Entscheidung, 100 km/h zu fahren oder mit einer bestimmten Geschwindigkeit ein anderes Fahrzeug zu überholen, ist da nur schwer durchzuhalten. Wer führe nicht angesichts des sich schnell nähernden Sportwagens schneller oder verspürte nicht wenigstens den Druck, dies zu tun? Oder wer hätte nicht – andersherum – schonmal die Geschwindigkeit absichtlich verlangsamt und auf „stur gestellt"? Beide Reaktionen zeigen aber gerade die

---

[2] TÜV, S. 32.

starke Abhängigkeit vom schnelleren Fahrer und die Auseinandersetzung mit den ungeschriebenen Gesetzen des Straßenverkehrs. Unbeeindruckt und damit unabhängig bleibt da wohl so leicht niemand.

Selbst solche Fahrer, die sich vornahmen, gemütlich eine Reise zu machen und sich nicht zum Rasen verleiten zu lasen, halten das nur kurze Zeit durch. Schon bald werden sie sich bedrängt fühlen, eingeklemmt zwischen langsamen Fahrzeugen oder durch andere schnelle Fahrzeuge an ihrer Heckstoßstange „geschoben". Obendrein wollen sie die Erwartungen, die in ihren Augen von anderen an ihre Automarke gestellt werden, nicht enttäuschen und fahren auch auch diesem Grunde schneller. Untersuchungen schon in den siebziger Jahren haben dies belegt.[3] Das gilt natürlich noch mehr für den, der mit mittlerer Geschwindigkeit immer mal wieder die Überholspur der Autobahn benutzt und von wesentlich schnelleren Fahrzeugen „geschoben" wird. Hier die Geschwindigkeit weder zu erhöhen, um dem Druck auszuweichen, noch zu Gegenmaßnahmen zu greifen und langsamer zu fahren, ist mindestens mit Spannungsgefühlen und körperlichem Streß, sicher oft mit regelrechter Angst und hilfloser Wut verbunden. Das trägt zu der sich ständig erhöhenden Durchschnittsgeschwindigkeit mit bei, da die einfachste Möglichkeit, dem Streß zu entgehen, in einer Erhöhung der Geschwindigkeit und einer Anpassung an die jeweils Schnellsten besteht.

## Die Verurteilung der Schwachen

Gruppenormen und -zwänge im Straßenverkehr sind besonders rigide. Wer sich andernorts einmal nicht den Erwartungen gemäß verhält, darf mit Rücksichtnahme oder freundlichem Tadel rechnen. Nicht so im Straßenverkehr. Wer Miete, Zeitschriftenabo oder Arztrechnung mal nicht rechtzeitig bezahlt, wer vergißt, sich an der Universität zurückzumelden oder das bestellte Buch in der Buchhandlung nicht abholt, der wird mehr oder weniger freund-

---

[3] Bliersbach, G., 1978, a. a. O., S. 243 f.

lich daran erinnert – gebührenfrei zumeist. Doch wer im Straßenverkehr nicht gleich Platz macht, wer gar eine ungeschriebene
Regel verletzt, der riskiert es, wüst beschimpft, an Leib und Leben
bedroht, behindert und genötigt, obendrein der Verachtung der
Gemeinschaft preisgegeben zu werden. Die Unerbittlichkeit unseres Fahrstils zeigt sich auch in der Art, mit der wir miteinander
verfahren, wenn einer ausschert: Jedes Zeichen von Schwäche, ob
durch Unachtsamkeit oder Unkenntnis, durch mangelnde PS-
Stärke oder Regelwidrigkeit verursacht, löst archaische Reaktionen von Strafe und Vergeltung, Haß und Verachtung hervor. Die
milde urteilende Instanz, Kennzeichen des reifen Erwachsenen
wie der gewachsenen Demokratie, sucht man im Straßenverkehr
meist vergeblich.

Die Regression im Straßenverkehr betrifft daher nicht nur das
Ich des Autofahrers, also seine kritisch-urteilende, die Realität
prüfende Instanz mit ihrer Fähigkeit, Affekte und Impulse zu
kontrollieren. Es regrediert auch die wertende Instanz der Persönlichkeit, das Gewissen oder Über-Ich. Die Anonymität der
Gruppe und die weitgehende Unmöglichkeit, miteinander zu
sprechen, begünstigt diese Regression des Gewissens. Denn um so
mehr jedes Gruppenmitglieder als Person erkennbar und hinsichtlich seiner Verantwortung ansprechbar ist, desto mehr fühlt sich
jeder einzelne auch persönlich für Situationen und Konflikte verantwortlich. Genau das ist aber im Straßenverkehr häufig nicht
der Fall. Das bleibt nicht ohne Folgen. Denn während der reife Erwachsene sein Gewissen als Hilfe bei der Be-Urteilung von Situationen oder Verhalten nutzen kann, wird ein infantiles Über-Ich
zur vernichtend ver-urteilenden Instanz, sozusagen zum Ober-
Ich.[4] Das erklärt, warum man sich selbst bei dem geringsten Fehlverhalten massiv schämt, Urteil und Blicke der anderen Fahrer
fürchtet, und diese wiederum in ihrem vernichtenden Urteil über
einen herzufallen drohen. Dem Ober-Ich erscheint das Talion-
Prinzip, Auge-um-Auge, Zahn-um-Zahn, angemessen, weshalb
sich ebensolche Verhaltensweisen im Straßenverkehr auch unge-

---

[4] Vgl. Grunberger, B., 1974, Gedanken zum frühen Über-Ich, in: Psyche, 28.
Jrg., S. 508–529.

zügelt breit machen. Der verurteilende Haß richtet sich generell gegen die Schwächeren, die wegen ihrer Schwäche dem vernichtenden Urteil preisgegeben sind. Auf diese Weise wird der Straßenverkehr mit seinen Konflikten zu einem Abbild gesamtgesellschaftlichen Umgangs mit ihren schwachen und weniger leistungsfähigen Mitgliedern.

Der Rückfall auf unreifere Erscheinungsformen des Gewissens wird durch das Gefühl begünstigt, Gerechtigkeit erfahre man sowieso nicht, da Gesetzesübertretungen nicht oder nicht angemessen geahndet werden. Dieser Eindruck nährt sich aus subjektiven Erfahrungen, aber auch objektiven Tatsachen: „Strafverfahren gegen Kraftfahrer, die an tödlichen Unfällen mit Kindern beteiligt sind, werden häufig trotz eines nicht unerheblichen schuldhaften Versagens – oft aus prozeßökonomischen Gründen – eingestellt", konstatiert Professor Arno Müller, Leiter der Untersuchungsstelle für Verkehrstauglichkeit im Saarland.[5]

In vielen Fällen hat der „gesetzestreue" Fahrer vordergründig immerhin noch die Wahlmöglichkeit, sich der Gruppennorm, beziehungsweise den gesetzlichen Vorschriften anzupassen oder sich über sie hinwegzusetzen. Ärger kommt es jedoch, wenn das eigene Auto nicht genügend hergibt, um den Erwartungen der Gruppe zu entsprechen, und damit die Wahl gar nicht erst besteht. Überholen am Berg mit Diesel, Campingbus oder Sparauto kann schnell zum Spießrutenlauf werden. „Untermotorisiert" formulieren Motorjounalisten griffig, was etwa der Konnotation von „zum Beischlaf untauglich" entspricht. Und untermotorisiert ist man schnell: Bereits ein längerer Zeitraum der Abstinenz beim Autokauf genügt, um hinter den technischen Fortschritt zurückzufallen. Tatsächlich ruft der Bannstrahl „untermotorisiert" der Autokritik große Ängste hervor, denen man sich in der Regel nicht auszusetzen bereit ist. Denn die Befürchtung, mit seinem neuen Gefährt beständig den bedauernden Blicken der PS-potenteren Fahrer ausgesetzt zu sein, ist das beste Verkaufsargument

---

[5] Müller, A., 1986, Der tödliche Verkehrsunfall bei Kindern, in: Zeitschrift für Verkehrssicherheit Nr 3, S. 119.

für den nächst größeren Wagen, den stärkeren Motor oder die Einspritzvariante. Mittels Turbo und 16-Ventiler, Alufelgen und elektronischer Zündung läßt sich einigermaßen angstfrei fahren. Man ist, was man fährt, Heini oder Hau-den-Lukas. Das Geschehen auf den Straßen und die Entwertungen der Schwachen und weniger Leistungsfähigen (Autos), produziert den Zwang zum immer stärkeren und schnelleren Fahrzeug. Die Kaufentscheidung ist durch Angstvermeidung wesentlich bestimmt. Endlich mithalten können oder peinlich zurückfallen, nicht mehr immer bloß Opfer sein, sondern endlich auch selbst aktiv das Geschehen bestimmen, das ist die geheime Devise. Die Gruppeninteraktionen im Straßenverkehr bestimmen das Kauf- und anschließende Fahrverhalten. Wie bei einer sich immer schneller drehenden Spirale gibt es kaum Austiegsmöglichkeiten. Das Immer-Schneller produziert das Immer-Noch-Schneller: ein Prozeß positiver Rückkopplung. Ganz gleich welches Auto gekauft wurde, seine Grenzen werden vielleicht schon bei der ersten Fahrt sichtbar, weil es das noch schnellere gibt, das einen gerade überholt.

### Soziale Lernprozesse: Ungeschriebene Gesetze im Verkehr

Die Straßenverkehrsordnung setzt bestimmte Rahmenbedingungen für das Verhalten fest – sofern ihr durch Kontrollen und entsprechende Strafen Gültigkeit verschafft wird. Das geschieht allerdings häufig nicht. Doch sind die gesetzlichen Regelungen nur ein Teil des Regelsystems, das das Verhalten, die Gedanken und Phantasien von Straßenverkehrsteilnehmern bestimmt. Je mehr nämlich der Gesetzgeber signalisiert, daß er es mit seinen eigenen Vorstellungen gar nicht so ernst nimmt, indem Alkoholkontrollen nur bei konkretem Verdacht vorgenommen werden, Geschwindigkeitskontrollen schon wegen der geringen Anzahl der Meßgeräte ungewöhnlich sind, und andere Vergehen kaum geahndet werden, desto mehr gelten andere Gesetze – die ungeschriebenen. Solange sich die Verkehrspsychologie der Illusion hingibt, durch die Erforschung des einzelnen Autofahrers und seiner Persönlichkeitsmerkmale und -defekte sei bereits die Arbeit getan, solange kann sie die Dynamik des Straßenverkehrs und seiner Ordnung, die in keinem Gesetzbuch steht, nicht verstehen. Denn zu jedem Zeitpunkt ist der Verkehrsteilnehmer sozialen Lernprozessen ausgesetzt, die zu einer Normierung seines Verhaltens führen.

Stellen wir uns einen Moment den „naiven" Autofahrer vor, den es natürlich nicht gibt. Nehmen wir an: Er steht auf einer von zwei Fahrspuren an einer roten Ampel, neben ihm ein weiterer Autofahrer. Nehmen wir auch an, vor den beiden verenge sich die Straße auf eine Fahrspur. Hat unser naiver Verkehrsteilnehmer Glück, so verhält sich der andere Fahrer einigermaßen partnerschaftlich, läßt ihn vielleicht einscheren und unser naiver Automobilist bleibt von einer unangenehmen Erfahrung (noch) verschont. Falls nicht, wird er abbremsen müssen, um mit dem anderen nicht zu kollidieren; weitere nachfolgende Autos werden ihn aber vermutlich nicht wieder einscheren lassen, da er inzwischen zum Stehen gekommen ist. Da hängt er nun, unser naiver Autofahrer. Und was tut er? Er lernt seine Lektion über Straßenverkehr. Künftig wird er wesentlich mißtrauischer gegenüber anderen Fahrern und deren Absichten sein, Mutmaßungen treffen, inwieweit andere ihn abdrängen wollen und entsprechende Schutzmaßnahmen ergreifen. Gleiches geschieht natürlich in zahlreichen alltäglichen Situationen, so daß sich Maßstäbe dafür etablieren, welches eigene Verhalten schädigend ist und welches das Fahren im allgemeinen Verkehrsfluß sicherstellt. Das muß nicht unbedingt den Regeln der Straßenverkehrsordnung entsprechen, eher im Gegenteil. Wer sich beispielsweise mit seinem „leicht untermotorisierten" Fahrzeug auf der Überholspur befindet und von hinten bedrängt wird, wird sich sehr genau überlegen, ob er zwischen zwei Lastwagen einschert, wo er nur mit Mühe und unter dem Gehupe und Geblinke des Linksverkehrs wieder herauskommen wird. So wird er lieber weiter links fahren, da er gelernt hat, daß er, einmal auf der wesentlich langsameren rechten Fahrspur, nicht wieder in den schnelleren Verkehr hineinkommt. Sein partnerschaftliches Verhalten, so hat er gelernt, würde sich nicht auszahlen, da er nicht mit dem gleichen partnerschaftlichen Verhalten derer rechen kann, die ihn wieder herauslassen müßten.

Also fährt er weiter links. Sein Linksfahren führt nun aber zu weiteren Interaktionsprozessen der Gruppe von Autofahrern, die an dieser Situation beteiligt sind: Unser Linksfahrer weiß natürlich, daß sich die nachfolgenden Fahrer gehörig über ihn ärgern und seine Weigerung, den Weg freizumachen mit Kopfschütteln quittieren. Unverstanden und rücksichtslos bedrängt fühlt er sich in seinem Urteil über das unsoziale Verhalten der anderen bestätigt, was wiederum sein Verhalten zu rechtfertigen scheint: Sieht man nicht gerade hier, daß „die anderen" asozial fahren und zeigt das nicht gerade, daß er zwischen den LKWs rettungslos verloren wäre?! So fährt er weiter links, als Gerechter unter einer Bande rücksichtsloser Proleten.

„Ich kämpfe dann um jeden Meter. Reinhauen müßte man, der andere will doch den Ärger, er sieht doch, daß ich nicht schneller kann."[6]

Doch auch den solchermaßen ausgemachten Bösewichten geht es nicht viel anders: Der notorische Linksfahrer vor ihnen behindert sie in ihrer freien Fahrt. Einmal scheint sich zu bestätigen, wie wenig „untermotorisierte" Sonntagsfahrer auf die Straße gehören, die sich obendrein nicht an die Straßenverkehrsordnung halten (was für sie Grund genug ist, es auch nicht zutun, wenn sie nun an seiner Stoßstange kleben). Auch bestätigt sich wieder einmal, daß man am besten schon von ferne aufblendet und den Blinker gesetzt läßt, um zu verhindern, daß solche Leute aus den Lücken zwischen den LKW'S auftauchen. Was vor allem feststeht: niemals solchen Leuten Gelegenheit geben, sich vor einen zu setzen, da sie ja nie wieder den eingeräumten Platz freigeben. Damit sind die Kontrahenten in ihren jeweiligen Stereotypen über „den anderen" bestätigt. Schlimmer noch: Was dem einen als Bestätigung über das Verhalten des anderen gilt, ist für jenen gleichfalls Rechtfertigung seines Handelns: Der „Linksfahrer" bleibt links, weil er zu Recht annimmt, daß man ihn nicht wieder auf die linke Spur

---

[6] TÜV, S. 30.

läßt! Und die „Schnellen" fühlen sich in ihrer Annahme ebenfalls zu Recht bestätigt, daß der Linksfahrer nicht wieder auf die rechte Spur weicht, weshalb sie künftig noch mehr versuchen werden, das Ausscheren des langsamen Fahrers zu verhindern!

Der Mangel an Kommunikation führt zur Bestätigung der jeweiligen (Vor-) Urteile. Die jeweiligen Annahmen und Handlungsweisen der einen Partei, dienen wiederum als Bestätigung für die andere. Auf diese Weise entsteht wieder der Prozeß mit positiver Rückkopplung: Jede einzelne Interaktion führt zu einer Verhärtung auf beiden Seiten! Erfahrungen, die zu einer Relativierung des Urteils über die Gegenseite führen könnten, sind nicht vorstellbar. Eine Verkehrspsychologie, die diese verhängnisvollen Prozesse unberücksichtigt läßt, ist wie ein Eheberater, der immer nur einzeln mit den Eheleuten spricht.

Neben den von der Fahrschule vermittelten Regeln bilden sich also ein Kodex von Normen und eine Reihe von Erfahrungsleitsätzen, die durch die Interaktion mit anderen Verkehrsteilnehmern gewonnen wurden. Ihre Bedeutung und Wirksamkeit ist im Zweifel in der sozialen Wirklichkeit des Straßenverkehrs gewichtiger als die gesetzlichen Vorschriften. Erst beide zusammen – Straßenverkehrsordnung und soziale Normen der Gruppe – bestimmen das Verhalten der Verkehrsteilnehmer.

Obendrein begünstigt das Alleinfahren die Übertretung gesetzlicher Normen. Der Beifahrer fungiert sozusagen als personalisiertes Gewissen, als Instanz, vor der man glaubt, sich rechtfertigen zu müssen. Fehlt dieser „Hemmschuh" oder „Kontrolleur", wie ihn zahlreiche Autofahrer in einer Studie nannten, so fallen auch die Hemmungen. Denn das Erlebnis des Thrills läßt sich am besten allein, ohne Gewissen und ohne mitfahrende Zuschauer genießen.[7]

Doch benötigen wir andere Verkehrsteilnehmer noch aus anderen Gründen: Sie dienen uns als Projektionsfläche, als Schirm für die eigene Phantasie, als Behälter für Vorurteile und Ängste.

---

[7] Vgl. Berger, H-J., Bliersbach, G., Dellen, R.G., 1973, Macht und Ohnmacht im Straßenverkehr, Dr. Arthur Tetzlaff-Verlag, Frankfurt/M.

# Eine Welt voller Phantasien

Die relative Bindungs- und Beziehungslosigkeit im Straßenverkehr und die häufige Unmöglichkeit, direkt miteinander zu sprechen, begünstigen das Auftreten von Phantasien über andere Verkehrsteilnehmer. Im Unterschied zu anderen Gruppensituationen, besteht jedoch hier kaum die Möglichkeit, diese Annahmen über einer Realitätsprüfung zuzuführen. Auch das trägt zum Narzißmus im Straßenverkehr bei.

Dabei kann es sich einerseits um Stereotype, Vorurteile über „die Raser", „die BMW-Fahrer", oder „die Fußgänger" handeln, also um relativ situationsunabhängige Aussagen.

„Schnellfahrer sind braungebrannte Zuhältertypen, mit der Illusion von Männlichkeit."

„...Männer, die Potenzprobleme haben..."

„Das wäre genau das gleiche, wenn die Rentner sagen würden: bei uns klappt es im Bett nicht mehr, dann darf die Jugend es auch nicht mehr machen" (ein Schnellfahrer über die Langsamfahrer).

„Frauen haben doch andere Werte, dieses Aufopfern, sich um andere kümmern."

„Langsamfahrer sind trödelig, vorsichtig, zögerlich, pingelig, ordentlich, schusselig, vertrottelt und ständig am Rumträumen."

„Langsamfahrer sind am gefährlichsten und von der Statistik her die Verursacher der Unfälle."

Kaum verwunderlich, daß die Gruppe, zu der man sich zugehörig fühlt, besser abschneidet, als fremde Gruppen.

„Die Langsamfahrer leben bewußter, naturverbundener, lebensbejahend. Langsamfahrer haben es nicht nötig, im Straßenverkehr was zu zeigen, da sie eigene Werte gefunden haben."

Vorurteile entwickeln im Straßenverkehr eine ähnliche Dynamik wie bei anderen Gelegenheiten: Einerseits dienen sie der schnellen Orientierung. Andererseits steigern oder stabilisieren sie das Selbstwertgefühl sowohl des einzelnen, wie auch der eigenen Gruppe. Große Unterschiede scheinen zwischen den verschiedenen Gruppen zu bestehen, während man sich innerhalb der Gruppen sehr nahe zu stehen glaubt. Man weiß, woran man ist und solidarisiert sich mit seinesgleichen. Die stereotypen Aussagen der TÜV-Interviews sind daher nicht Besonderes; würde man statt Schnell- und Langsamfahrer Bayern und Preußen auffordern, Einschätzungen der eigenen und der fremden Volksgruppe zu Protokoll zu bringen, so wäre gleichfalls wenig Schmeichelndes in Erfahrung zu bringen. Allerdings haben im Gegensatz zu Verkehrsteilnehmern Preußen und Bayern Gelegenheit, sich im Urlaub oder bei geschäftlichen Ereignissen kennenzulernen und miteinander ins Gespräch zu kommen. Das ändert zwar wenig an den grundsätzlichen sozialpsychologischen Stereotypen, die sozusagen für den Notfall immmer noch zur Verfügung stehen. Im Einzelfall ist aber vor Ort immerhin klärbar, ob der andere nicht doch von den Vorurteilen abweicht. Nicht so jedoch im Straßenverkehr. Denn hier sind viele Situationen durch vorangegangene Erfahrungen bereits stark aggressiv aufgeladen, so daß die Wucht der Stereotype abgerufen wird und zur Rechtfertigung von Gewalt dient.

Wie das Beispiel vom Linksfahrer und seinen „Kontrahenten" zeigte, bestätigen sich Vorurteile immer wieder und verfestigen sich zu Feindbildern, die schließlich auch die eigene Gewalt rechtfertigen. Fast 40% der Bundesbürger halten BMW-Fahrer für die schlimmsten Drängler, gefolgt von Mercedesfahrern mit annähernd 38%. Andererseits ist nach dem Faustrecht längst ausgemacht, wem die Überholspur zusteht und wem sie daher auch geräumt werden muß: 44% der Deutschen gestehen das einem Porsche zu. Und wer hier ganz groß raus kommt, scheint obendrein auch noch besonders erotisch zu wirken. Immerhin glauben über 34% der Befragten, daß Porsche eine besonders erotische Ausstrahlung habe. [8] Natürlich nutzen dies auch die Werbeleute, wenn sie Autos mit Wildpferden um die Wette balzen lassen, oder Renault ein Fahrzeug direkt aus dem Paradies kommen läßt – gefahren von einem nackten Pärchen, versteht sich. Sexualisierung und Aggressivierung unserer Autos steigern konsequent die Affekte der Verkehrsteilnehmer. Denn von der Werbung geförderte Phantasien gepaart mit Stereotypen bilden ein explosives Gemisch von Ressentiments, das sich jederzeit zwischen Autofahrern entladen kann.

---

[8] Frankfurter Rundschau, 10.4.92.

„Der Wunsch des Mercedesfahrers, den Fiesta wollen wir jetzt versenken – an dem muß ich vorbei, wird dadurch, daß der Fiesta Gas gibt, nicht erfüllt. Es ist das gleiche, als wenn vor mir einer steht mit einer Kanone und ich steh da mit einer läppischen Pistole und mach ihn damit fertig."[9]

Solche stereotypen Urteile betreffen natürlich auch andere Verkehrsteilnehmer wie Fußgänger, Rad-, Motorrad- oder LKW-Fahrer. Jede Gruppe neigt unter sich zur Solidarisierung und schreibt gleichzeitig negative Eigenschaften den anderen zu. Solche Selbst- und Fremdbilder rechtfertigen dann das Abdrängen „undisziplinierter Radfahrer" durch selbstgerechte Autofahrer und die Gegenwehr der selbstgerechten Radfahrer gegenüber „den rücksichtslosen Autofahrern".

Abgesehen von solchen globalen Vorurteilen verschiedener Gruppen mit ihren Interessengegensätzen, entstehen aber auch in der jeweiligen Verkehrssituation konkrete Phantasien über „den anderen".

Jeder Verkehrsteilnehmer bildet ständig Hypothesen über die Absichten der übrigen Beteiligten. Versteht sich, daß die eben genannten Stereotypen hierin einfließen. Doch das reicht nicht, um zu einer Orientierung über die konkrete Verkehrslage zu kommen. Andererseits ist eine direkte Verständigung zwischen den beteiligten Gruppenmitgliedern meist unmöglich oder wenigstens schwierig. Daher findet eine Überprüfung der Hypothesen meist gar nicht erst statt, was gleichfalls die narzißtische Dimension des Autofahrerns unterstreicht. Denn wer nicht mit seinem Gegenüber ausmachen kann, welche Annahmen realistisch sind und welche eher seiner Phantasie entspringen, lebt in seiner eigenen abgeschlossenen Welt. Und die hat allemal die Neigung, mehr und mehr Raum einzunehmen. So speisen sich die Vorstellungen über die Absichten der anderen Gruppenmitglieder zum einen aus Erfahrungen vorangegangener vergleichbarer Situationen. Andererseits funktionieren Hypothesen über andere Verkehrsteilnehmer nach dem simplen Prinzip, daß die vermutlich machen,

[9] TÜV, S. 28.

was man selbst auch (gerne) tun würde. Diese Verwechslungen von Ich und Du sind Projektionen eigener Bewußtseinsinhalte auf den Nächsten. Selbst die Erfahrungen der Vergangenheit sind – wie wir sahen – zumeist lediglich Bestätigungen der eigenen Welt ohne daß die Agierenden je wirkliches Verständnis für andere Verkehrsteilnehmer aufgebracht hätten.

## Die zunehmende Aggressivität

Stereotype Meinungen über „die anderen" und die Projektion eigener Aggressivität auf andere Verkehrsteilnehmer sind wesentliche Faktoren für aggressive Verhaltensweisen im Verkehr. Denn wer selbst aggressiv zu fahren gewohnt ist, wird dies auch fraglos bei anderen voraussetzen und damit fast nur das Eigene im anderen entdecken. Andererseits werden sich defensive Fahrer in ihrer Lagermentalität gleichfalls bestätigt sehen, wenn aggressive Fahrer unabhängig von ihrem defensiven Verhalten stark rivalisierend fahren. So formiert sich eine fatale Sitation: Aggressive Fahrer vermuten Aggressives bei anderen und verhalten sich deshalb agressiv. Dies löst bei anderen gleichfalls aggressive Reaktionen aus – eine Bestätigung des aggressiven Fahrers. Umgekehrt verstärkt sich aber nicht die defensive Fahrweise, weil auch der defensive Fahrer Aggressivität aufstaut, seine kollegiale Fahrweise aber nicht den Schneeballeffekt hat wie Aggression. Gewalt, so der Aggressionsforscher Hacker – löst Gewalt aus, Alternativen zu aggressivem Verhalten sind viel komplizierter und dabei auch keineswegs so ansteckend wie Gewalt. [10]

Hinzu kommt noch ein weiteres wichtiges Moment: Der aggressive Schnellfahrer wird für sein Verhalten „belohnt", nicht so der defensiv-kollegiale Automobilist. Während nämlich der Rücksichtslose schneller am Ziel ist (wenn auch nur ein paar Minuten), die Situation beherrscht und sich durchsetzt, kann der partnerschaftliche Fahrer solche äußeren Belohnungen nicht er-

---

[10] Vgl. Hacker, F., 1971, Aggression. Die Brutalisierung der modernen Welt. Molden, Wien, München, Zürich.

warten. Er muß sich schon selbst anerkennen, indem er mit sich und seiner Fahrweise einverstanden ist: eine Art innere Belohnung. Da er obendrein auch nicht darauf hoffen darf, daß der Rücksichtslose seiner gerechten Strafe durch Polizei oder Unfall zugeführt wird, ärgert er sich.[11]

„Oft werden in Wohngebieten 80–90 gefahren, ohne daß die Polizei eingreift, das ärgert mich maßlos."[12]

Dieser aufgestaute Ärger verdichtet sich zum Ressentiment, einer besonders destruktiven Gefühlskonstellation. Dem Ressentiment im Straßenverkehr liegen vier wesentliche Empfindungen zu Grunde: 1. Gefühle von Neid, Wut und Revanchegelüste, weil 2. ein verletztes Gerechtigkeitsgefühl vorhanden ist; 3. das Gefühl der Hilflosigkeit, daß man selbst die Gerechtigkeit nicht herstellen kann; 4. eine Verallgemeinerung des Eindrucks, daß keine Gerechtigkeit herrscht, und Gesetze und Fairneß anscheinend keine Gültigkeit haben, was zu einer allgemein aggressiven, rachsüchtigen Haltung führt.[13]

„Ich wünsch denen fast einen Unfall."[14]

Aus diesem Grund wirkt ein einzelner Drängler wie ein ansteckendes Virus: Man fährt potentiell schneller oder versucht „gegenzuhalten", was die Situation zusätzlich aggressiv auflädt.

Das tatsächlich erlittene oder subjektiv so empfundene Unrecht löst erhebliche Spannungsgefühle aus. Mit ohnmächtiger Wut und bisweilen Angst fährt weiter, wer gerade bedrängt, genötigt, bedroht oder sonstwie mißhandelt wurde. Oder auch nicht. Dann nämlich nicht, wenn die erlittene Kränkung, das erlebte Unrecht entweder direkt beim Verursacher gerächt oder an andere weitergegeben wird, wie eine heiße Kartoffel. Diese „Rotation

---

[11] In der Sozialpsychologie hat man ähnlich gelagerte Situationen unter der Überschrift „prisoner dilemma game" untersucht.

[12] TÜV, S. 36.

[13] Wurmser, L., 1990b, Zur Psychoanalyse des Ressentiments, in: Rohde-Dachser, C. (Hrsg.), Zerstörter Spiegel, S. 47–69, Vandenhoek & Rupprecht, Göttingen.

[14] TÜV, S. 41.

der Kränkungen", wie der Verkehrsforscher Bliersbach treffend formulierte, beruht auf einem Abwehrmechanismus, der sogenannten Wendung vom Passiven ins Aktive. Allgemein empfinden wir es als schmerzlicher, Opfer einer unangenehmen Situation oder Handlung zu sein als deren Verursacher. Lieber haben wir als Täter die Kontrolle selbst in Händen, als daß wir sie als Opfer anderen überlassen. Die durch Ohnmacht hervorgerufenen Spannungsgefühle werden häufig nicht ertragen, so daß sehr schnell der Versuch gemacht wird, die Hilflosigkeit zu beenden. Je länger die Ohnmacht anhält, desto schmerzlicher für das Selbstwertgefühl, um so ärger auch die erlittene Kränkung. So werden eben erst erlittene Schmach und Unbill im nächsten Moment einem anderen Verkehrsteilnehmer zugefügt. Wer gerade selbst noch bedrängt oder behindert wurde, tut dies in unmittelbarem Anschluß bereits einem anderen an. Wer gerade noch der Penner war, verachtet gleich darauf seinen Nächsten. Und je mehr Kränkungen und aggressive Behandlungen untereinander ausgetauscht werden, desto größer ist wiederum die Neigung, sich der Spannung durch eigenes aggressives Verhalten zu entledigen – eine sich selbst immer weiter verstärkende Konstellation.

Manches Auto-Zubehör läßt sich sowohl als Schutz gegen Kränkungen und Mißhandlungen verstehen als auch als erneute Bedrohung anderer. Gemeint sind besonders hochgelegte Geländefahrzeuge mit Rammstangen und Breitreifen, die einer gigantischen Machtdemonstration gleichkommen und damit suggerieren, daß man einen Unfall mit einem solchen Gegner wohl nicht überleben würde. Ein solcher Rammschutz hat auch etwas von Morddrohung an sich. Da dies natürlich auch so verstanden wird, wirken so ausgestattete Fahrzeuge als das, was sie sind: eine manifeste Bedrohung für andere, eine unausgesprochene, aber deutlich dargestellte Vernichtungsdrohung. Müßig zu sagen, daß diese Gewaltdarstellung wiederum die kollektive Aggressionsneigung steigert.

Doch gilt dies nicht nur für die martialische Darstellung von Gewalt und Vernichtung durch das Automobil wie bei eben jenen Fahrzeugen. Auch bestimmte Verhaltensweisen, nämlich dichtes Auffahren, Beschleunigen, wenn man überholt wird, Abdrängen und Drohen werden unbewußt so verstanden, wie sie gemeint sind und wie sie ja auch enden können: als Todes- und Morddrohungen, als Nötigungen und Gefährdung von Leib und Leben. So gesehen sind die überaus heftigen Affekte, die im Straßenverkehr binnen Minuten oder gar Sekunden entstehen können, nur allzu verständlich, ja geradezu angemessen. In keinem anderen Bereich begeben wir uns mit aller Selbstverständlichkeit in Situationen, die unser Leben bedrohen und Morddrohungen als Alltäglichkeit erscheinen lassen. Doch die sichere Erwartung, mit solch anarchischen Verhaltensweisen konfrontiert zu sein, führt bereits vorab zu einer ängstlich-aggressiven Spannung, die nur noch konkreter Auslöser bedarf, um sich in Angst oder Gewalt zu entladen.

So nährt sich die zunehmende Aggressivität auf unseren Straßen aus zahlreichen Quellen. Neben den allgemeinen Faktoren, wie die Regression des Ichs durch Größengefühle und die Isolation im Auto haben wir – in der Folge davon – weitere Gründe für Gewalt im Verkehr festzuhalten:

Indem das Gewissen, das Über-Ich, auf einen archaischen Zustand zurückfällt und rigide urteilend kein Pardon kennt, ist man sowohl eigenen wie fremden vernichtenden Urteilen ausgesetzt, die wiederum destruktive Wut nach sich ziehen.

Zweitens führt die subjektiv empfundenene Ungerechtigkeit, daß aggressive Fahrer sich durchsetzen, ohne bestraft zu werden, zu einem Gefühl von Ressentiment, einer mächtigen Quelle für generalisierte aggressive Haltungen und Handlungen.

Drittens wirkt Gewalt wie ein ansteckendes Virus, indem sie die an der Situation Beteiligten gleichfalls aggressiv stimmt, kollegial-defensives Fahren aber nicht den gleichen Multiplikationseffekt hat.

Viertens lösen auch andere Affekte, wie Scham über die erlittene Kränkung oder das Gefühl, nicht dazuzugehören und ausgeschlossen zu sein, Aggressivität aus.

Schließlich werden Erfahrungen von Ohnmacht, Kränkung, Hilflosigkeit abgewehrt, indem sie an andere weitergegeben werden. Die Opfer werden zu Tätern, um ihr Leid und ihre Hilflosigkeit nicht ertragen zu müssen. Die meisten dieser Prozesse verstärken sich immer weiter wie unkontrollierte Kettenreaktionen, so daß sie der Außensteuerung bedürfen. Auf diese Zusammenhänge werden wir im abschließenden Kapitel über Alternativen wieder zurückkommen müssen.

Die Kluft zwischen Wunsch und Wirklichkeit, zwischen Illusionen und automobiler Realität des Straßenverkehrs stellt einen weiteren Faktor für die Aggressivierung im Straßenverkehr dar. Daß niemals erlebt wird, was die Werbung verspricht oder man sich persönlich erhofft, führt natürlich zu Enttäuschung und Wut.

### Beziehungslosigkeit und geheime Botschaften

Jeder Fahrer wird durch das Auftauchen eines weiteren Autofahrers beeinflußt, häufig jedoch viel weniger im Sinne der Straßenverkehrsordnung als im Sinne von Interaktionen und mehr oder weniger unbewußten Annahmen. Gelegentlich kommt es aber doch zu einem bewußten und auch gewollten Austausch von Botschaften. Auf unbewußter Ebene aber kommunizieren die Verkehrsteilnehmer ohnehin miteinander, ob sie nun wollen oder nicht. Fahrstil, Signale, die sie aussenden, Gestik und Mimik sind solche Botschaften. Verrückterweise gehört nicht zuletzt auch der Versuch, nicht zu kommunizieren und nur ja keinen Kontakt aufzunehmen, zu dieser unbewußten Kommunikation.

Auch wenn uns das Auto durch seine Blechhaut von den übrigen Verkehrsteilnehmern trennt und damit Regression und Beziehungslosigkeit fördert, so sprechen wir doch miteinander – allerdings oft in einer anderen Sprache als gewöhnlich. Denn einerseits hat diese Isolation etwas Entlastendes, wenn keiner da ist, auf den man Rücksicht zu nehmen braucht. Doch andererseits leidet man auch unter der Abgeschiedenheit des rollenden Egos, Grund genug, sich mit Mitteilungen an die Außenwelt zu wenden.

„Baby an Bord", „No Problemo", „Atomkraft? Nein Danke", „Bitte ein Bit", „alt aber bezahlt", „Bis daß der TÜV uns scheidet" usw. sind solche Botschaften, die als Aufkleber etwas über den Fahrer aussagen sollen. Sie rufen auf zu Solidarität, zum Wir-Gefühl oder zu Schmunzeln, stellen Beschimpfungen dar, wie der ausgestreckte Mittelfinger einer Faust oder die heraushängende Zunge oder sie sollen den Fahrer in einem besseren Licht erscheinen lassen („Boss"). Die Parteizugehörigkeit läßt sich solcherart ebenso kundtun wie die bevorzugte Biersorte, Lokalpatriotismus („Bayern") herausposaunen oder die betriebene Sportart angeben. Auch hier dominiert die Selbstdarstellung, und Niveau wie Sprache schmeicheln nicht immer dem Besitzer („Damen, aufgepaßt, der meine ist 18 Meter"). Doch vor Konfrontation mit eigener Dümmlichkeit schützen allemal Blechhaut und Geschwindigkeit. Eine fast einmalige Gelegenheit, sich zu exhibitionieren, ohne beschämende Reaktionen abwarten zu müssen, liefert diese Form öffentlicher Anonymität. Kein Wunder, daß gegen den Vorschlag, Autos mit Namensschildern zu versehen, der kollektive Widerstand zu groß ist. Wer nicht im Park seinen Mantel öffnet, der kann das am Hinterteil seines Autos tun, wenn die Schlaffheit seines geistigen Niveaus mit der Zahl der Ventile und der Kraft der Einspritzung in einem Kompensationsverhältnis steht. Der Informationsgehalt der Aufkleber jedenfalls ist gering, wenn man sie an ihrem bewußten Inhalt mißt. Anders jedoch, wenn man die unbewußte Botschaft versteht: Potenz- und Imponiergehabe dominieren den automobilen Hintern wie die leuchtende Farbe den Pavian. Hinzu gesellt sich die Absicht, andere lächerlich zu machen oder zu beschämen („Auf Wiedersehen, GTI"). Zugehörigkeitsgefühle und Selbstdarstellung der eigenen Gruppe (Politaufkleber, Clubwimpel etc.) betonen den Wert des Eigenen – und den Unwert des anderen.

Doch ist dies bloß die offenkundigste Kommunikationsform. Auch das bloße Outfit des Fahrzeugs, seine Symbole und Accessoires dienen der Mitteilung, wie das Imponiergehabe der Tierwelt. Ein tiefergelegtes schwarzes Fahrzeug mit Breitreifen und Raubtieraugen/Scheinwerfern wird als Bedrohung erfahren, wenn es im Rückspiegel auftaucht. Beide Fahrer erleben Phantasien des Jagens und Gejagtwerdens. Je nach Beteiligten kann das in wechselseitige Hatz umschlagen, in Rivalität und Kraftproben. Ausgelöst werden diese „Autospiele" jedoch durch die Botschaften, die die Automobilisten austauschen; einmal durch das Aussehen, das sie ihren Fahrzeugen verleihen und zum anderen durch die Art, wie sie es benutzen und vorzeigen. Das dichte Auffahren und Blinken, das Aufheulen des Motors und Reifenquietschen sind eindeutige Drohgebärden, die von jedermann auch so verstanden werden. Es ist zwar – und hierin liegt der Reiz – verboten, jemandem verbal anzudrohen, ihn zu verprügeln, fertig zu machen, zu jagen und zu hetzen, ihn gar in Todesgefahr zu bringen und darüber die eigene Macht auszukosten. Dieselbe Botschaft im Straßenverkehr gilt hierzulande als Folklore, in den seltensten Fällen jedoch als das, was sie ist: eine veritable Morddrohung um der eigenen Lust und Größe willen. Justiziabel sind solche Handlungen in den allerseltensten Fällen. Die Straße ist der ganzjährige Karneval für soziale Normen, der anarchische Freiraum des Spießers, der täglich für ein paar Minuten zum Mordgesellen werden darf.

Die vor einigen Jahren gestartete Aktion „Hallo Partner, dankeschön" beinhaltete ein freundliches Handzeichen – Versuch einer nonverbalen Botschaft jenseits des deutschen Grußes. Die Darstellungen zeigten häufig direkten Blickkontakt der Partner, zum Beispiel zwischen einem Autofahrer und einem Fußgänger. Partnerschaftlich, so die Pädagogik, sollte sich nun der Stärkere, nämlich der Autofahrer verhalten. Im wesentlich richtete sich die Aktion tatsächlich an Autofahrer, weniger an beide Beteiligten, blendete also den gruppendynamischen Charakter der Situation aus. Es handelte sich um freundliche, nette Menschen, die sich da begegneten – fernab der sozialen Wirklichkeit der Straße. Immerhin greift der Appell die übliche Art der Auseinandersetzung im Straßenverkehr auf: die nonverbalen, gestischen, mimischen Botschaften, die Sprache der Gewalt und das Recht der Faust. Unmöglich ist es für den Automobilisten, nicht zu kommunizieren, sozusagen zu verstummen, denn was immer er tut oder nicht tut, wird von seiner Umgebung als Information ausgewertet. Selbst der sturste Lenker, der bloß geradeaus blickt und auf keinen Fall in Blickkontakt treten will, sendet eine eindeutige Botschaft: Laß mich in Ruhe. Ob ausgestreckter Mittelfinger oder partnerschaftliche Geste, ob stures Wegschauen oder der berühmte leere Blick an der Ampel mit obligatorischem Nasenbohren: Alle teilen sich mit, sagen etwas über sich aus. Es ist unmöglich, nicht miteinander zu sprechen, wenn auch die Sprache sehr unterschiedlich sein mag. Und Interesse am anderen besteht durchaus. Gerade nach Konfliktsituationen schauen sich die Beteiligten häufig an: Wie sieht so einer aus? Aha, Frau am Steuer, Mann mit Hut, junger Schnösel, alter Knacker.

Die Schwierigkeit besteht also nicht in der Unmöglichkeit zu kommunizieren, sondern in der Sprachlosigkeit des Austausches und der damit verbundenen starken Ich-Bezogenheit der Mitteilungen. Die Beteiligten stellen zumeist keine Fragen (was in nonverbaler Form nämlich viel schwieriger ist) sondern sie senden sogenannte Ich-Botschaften aus. „(Ich will) Platz da!", „ich bin der Größte, Schnellste" usw. Mit sehr konkreten Mitteilungen wenden sie sich an ihr Gegenüber in Form von Du-Botschaften: „(Du bist ein) Idiot!", „du bist bloß ein Hindernis für mich", „du bist ein Versager" o.ä. Zwar kann im Gegenzug der andere seinerseits gleichfalls zu solchen Äußerungen schreiten, eine Auseinandersetzung hierüber findet aber nicht statt. Um sich in die Lage des anderen zu versetzen, bedarf es nämlich vermittelnder, fragender Bekundungen, die ohne Sprache sehr viel schwieriger sind, als Beschimpfungen. So erscheint der andere häufig lediglich als entweder dumm oder böse, oft als beides. Obendrein liefert dies die Rechtfertigung für eine weitere Eskalation.

Deeskalierende Handlungen sind immer solche, die auf das gegenseitige wachsende Verständnis abzielen und die Lage des jeweils anderen einfühlbar und damit nachvollziehbar machen. Der vormalige Gegner kann dann so leicht nicht mehr als böse und dumm abgestempelt werden; zugleich entdeckt man Ähnlichkeiten mit ihm, man kommt sich näher, was eher zu solidarischen Verhaltensweisen führt. Solchermaßen wird der Gegner oder Feind zum Partner, das Objekt oder Hindernis zum Mitmenschen.

Die prinzipielle Schwierigkeit jeder Verkehrspädagogik liegt in dem Problem, es mit sozialen Situationen interagierender Gruppenmitgliedern zu tun zu haben, wobei die Beteiligten jedoch weitgehend sprachlos sind oder sich einer archaischen Sprache bedienen. Darum muß – worauf noch einzugehen sein wird – die Überwindung der Sprachlosigkeit und die Einfühlung in die anderen ein Ziel jeder Verkehrserziehung sein.

# Kleine Fluchten

## Autoträume

Wenn sich morgens und abends die Blechlawinen stadtein- oder stadtauswärts quälen, und wenn sich das Millionenheer der Pendler in Bewegung setzt, verbindet das Auto grünes Wohnen und urbanes Arbeiten. Es hilft der Unwirtlichkeit der Städte zu entkommen, während es sie gleichzeitig schafft: Über Abgase und Gestank klagend, über die Unbewohnbarkeit der Städte stöhnend, lassen sich immer mehr Deutsche am Rande der Städte nieder, bauen sich ihre Häuser immer weiter entfernt von ihrem Arbeitsplatz. Wegen horrend steigender Mieten und explodierender Grundstückspreise im Bereich der Innenstädte wird der Weg zwischen Broterwerb und Entspannung immer länger. Der Traum vom Eigenheim oder der passenden Mietwohnung ist mit immer größeren Distanzen verbunden. Durch die Zersiedelung des urbanen Umlands können Busse und Bahnen nicht jede Wohnungstür erreichen, und der Griff zum Autoschlüssel scheint zwingend. Für die Verwirklichung des Eigenheimtraumes, weg vom Albtraum des Verkehrslärms, benötigt man das Auto. Träume und ihre Realisierung verbinden sich mit dem Besitz eines Autos. Vor allem aber: Das Auto wird zum Synonym für Freizeit und Urlaub, zum Symbol für den Lifestyle des Freizeit-Menschen. Obendrein verlangt man vom zeitgemäßen Arbeitnehmer, sich seinen Arbeitsplatz auch über große Distanzen zu suchen und dabei auch lange Fahrtzeiten in Kauf zu nehmen.

Autoträume bestimmen unsere Kultur, wie die Produktionsstätten kollektiver Phantasien, die Kinofilme, zeigen. Die rasende Flucht mit dem Auto vor Verfolgern und bösen Mächten, vor Polizei oder Gangstern, vor der Gesellschaft oder einfach vor anderen Autos, das ist ein Motiv ungezählter Hollywood-Produktionen. „The Getaway" Sam Packinpahs, in dem der Titel bereits Sinn und Programm ist, zeigt den brutal realisierten Traum eines Gangsterpärchens, das mit einem Haufen Geld vor Polizei und Mafia entkommt. In Anlehnung an die üblichen Straßenverkehrsverhältnisse ist ihnen jedes Mittel recht, um die rettende mexikanische Grenze zu erreichen, – häufiges Symbol des amerikanischen Films, allen Zwängen und Begrenzungen erfolgreich entkommen zu sein. Hirnlose Truckingfilme glorifizieren den Kampf wackerer Fernfahrer gegen einen faschistoiden Sheriff, die infantile Auflehnung gegen die ebenso unreife Autorität. Und „Easy Rider" wurde zur pseudo-ideologischen Aussage einer ganzen Generation: Dem einfachen Roadmovie ist Fahren und Straße schon genug, das Fahrzeug selbst wird zum Fluchtpunkt. Mit dem Auto auf und davon – vor den Verfolgern, den Alpträumen der modernen Welt, der Enge und Verzweiflung oder – vor dem Auto. Das Auto ist Fluchtpunkt und -grund zugleich. Mit dem Auto flieht man vor sich selbst und scheint sich dabei neu zu finden.

### Auto, Freizeit, Urlaub – das Bermuda-Dreieck ökologischer Vernunft

Sich automobil zu bewegen, „bewegt" das Gemüt, bringt Erfahrungen und neue Eindrücke. Diese äußere Mobilität ersetzt nur zu oft innere Beweglichkeit, wo letztere den Mobilisten vielleicht auch gar nicht möglich ist. Innere Flexibiltät ist aber umso mehr vonnöten, je mehr Freizeit und Urlaub zur Verfügung stehen. Nicht zufällig ereignet sich der Siegeszug des Automobils zeitgleich mit dem Anwachsen von Freizeit und Urlaubstagen, mit der Einführung von 5-Tage-Woche und der kontinuierlichen Reduzierung der Wochenarbeitszeit. Nach Meinung des Freizeitforschers Opaschowski gehen wir einer „freizeitmobilen Zukunft" entgegen, „in der die Grenzen zwischen Freizeittourimus (Tagesausflüge, Wochenend-, Kurzreisen) und Urlaubstourimus immer fließender werden."[1] Das Auto wird so zum zweiten Zuhause, zur stets verfügbaren Alternative zu Wohnort und Arbeit. Besonders das sogenannte Wohnmobil drückt diesen Trend schon durch seinem Namen treffend aus. Vorfreude auf Reisen, Vorspiele und Ersatzhandlungen wie freizeitintensives Putzen und Wienern des geliebten Untersatzes, Innenausbau des Wohnmobils oder Planung von Kurztrips füllen die leere freie Zeit und werden zur Freizeitbeschäftigung. Freizeit und Auto scheinen wie untrennbare siamesische Zwillinge. Denn der Reisetrend der Zukunft „spontaner, öfter, kürzer"[2] benötigt ganz wesentlich die Möglichkeit individueller Bewegung – mit dem Auto. Die Selbstverständlichkeit von Wochenendtrips oder Kurzurlaub über günstig liegende Feiertage beschert uns ein beständig wachsendes Heer von gerade urlaubenden Autofahrern. Und das Gefühl, durch moderne Autobahnnetze und schnelle, komfortable Autos überall hin zu können, läßt An- und Abreisezeiten immer länger werden, da immer öfter für kürzere Zeiträume (weiter) gereist wird. Wo früher ein Dreiwochenjahresurlaub einmaliges An- und Abreisen mit sich brachte, vermehrt die Vielzahl kürzerer Trips gepaart mit ein bis zwei langen Urlaubsreisen Anzahl und Länge der zurückgelegten Strecken. Mit der Urlaubsphilosophie großer mobiler Freiheit und Spontaneität ist das Auto eng verknüpft. Eine Infragestellung des Individualverkehrs wirkt deshalb so abschreckend, weil das Freizeitverhalten so innig mit dem Gebrauch des Autos verknüpft ist. Durchschnittliche sechs Wochen verfügbare Urlaubszeit wollen ersteinmal verbracht werden. Wenn sich die wahren Abenteuer doch nicht im Kopf, sondern auf der Straße, eben unterwegs abspielen, und Freizeit allzuschnell zum Streß wird, weil man nicht weiß, wie damit umgehen, muß der Urlaub bewegt sein. So werden immer mehr Erlebnisse und Abenteuer in immer kürzeren Zeiträumen gesucht, Animation und der Wechsel des Aufenthaltsortes auch innerhalb eines Urlaubs ist kaum noch unge-

---

[1] Opaschowski, H.W., Der rastlose Freizeitmensch. Folgen und Folgerungen für die Mobilität von morgen, Vortrag anläßlich des Kolloquiums „Verkehr wohin – Aspekte nach 2000" der Forschungsgesellschaft für Straßen- und Verkehrswesen am 7.Mai 1990 in Mainz, Tagungsband, S. 15.
[2] Ebenda, S. 16.

wöhnlich. „'Mehr tun in gleicher Zeit' lautet ein Grundsatz des Freizeitlebens. Für das Urlaubsleben gilt zunehmend: Mehr erleben in gleicher Zeit: Heute hier – morgen fort."[3]

Wie groß der Drang nach Flucht aus dem Altbekannten, aus Wohnviertel und Alltag ist, zeigt die Gleichsetzung von Urlaub oder freier Zeit mit Reisen. Wohl nicht bloß, weil Bewegung den natürlichen Reizhunger des Menschen befriedigt, sondern auch, weil man es andernorts schöner erträumt. Die Heuschreckenplage namens Massentourismus lebt wie ihr Vorbild: Wo das alte abgegrast, wo nichts mehr an Bewegung und Abenteuer zu finden ist, macht man sich auf nach neuen Futterplätzen, verwüstete Stätten hinter sich lassend.

So ist das Auto Mittel und Inhalt moderner Freizeitgestaltung: man bastelt an ihm, putzt und pflegt es, und er-fährt sich Reiselust und Szenenwechsel. All diese Beschäftigungen gruppieren sich um das Automobil, das zugleich Symbol der autonomen Freizeitgestaltung und sein wesentlicher Inhalt ist. Stau-Frust und Autoreisestreß besonders für Kinder und Familien tun dem bisher noch wenig Abbruch. Denn obschon die Realität zumeist alles andere als selbstbestimmte Freizeit aufweist, wenn man zu Tausenden im Stau zum Warten verurteilt ist, die Illusion eigener Unabhängigkeit übertrifft einstweilen noch die alltägliche Erfahrung. Obendrein wohnt selbst dem Stau ein Element des Abenteuers, des Thrills inne, weshalb ihn jeder fünfte (auch) genießt.[4]

### Autoträume – Traumautos

Karl May alias Kara Ben Nemsi alias Old Shatterhand lebte bekanntlich in drei Welten: Mehr schlecht als recht zuhause in Deutschland kam er mit der Justiz verschiedentlich in Berührung und löste seinen eigenen Fall keineswegs mit der berühmten List seines Helden noch gar mit seiner gefürchteten Faust. Doch

---

[3] Ebenda.
[4] Vgl. Freizeit aktuell. BAT Freizeit – Forschungsinstitut, Nr. 104.

fernab heimischer Beschränkungen und Schmach phantasierte er ein zweites und drittes Leben als edler Trapper und verwegener Wüstensohn. Was Wunder, daß die beiden – Nemsi und Shatterhand – ob solcher Größe auch nicht zu Fuß daherkamen, sondern elegantere Beförderungsmittel bevorzugten. In beiden Welten waren den Helden standesgemäße Pferde zur Seite gestellt, die mit besonderen Gaben ausgestattet, treu und klug, durch ihre edle Schönheit ein Ideal verkörperten. Im Fall des Falles ließ sich gar durch Flüstern eines Zauberwortes die Antriebsgeschwindigkeit in wundersamer Weise steigern, zur Verblüffung und zum Neid der Gegner.

Doch ist diese Phantasie keineswegs besonders originell. Denn Karl Mays vierbeinige Untersätze reihen sich ein in die Galerie der phantastischen Tiere, mit denen sich Menschen in Märchen und Mythen, in Sage und Aberglaube auf und davon machen. Der Traum vom mit übernatürlichen Kräften ausgestatteten Pferd ist uralt; es ist die Sehnsucht nach dem idealen Selbst, das durch ein Tier repräsentiert wird. Pegasus zum Beispiel, das legendäre fliegende Pferd, hatte Poseidon zum Vater, den Herrn der Pferde, der auch schon an Geschwindigkeit und der raschen, wilden Bewegung der Wogen und Leidenschaften seine Freude hatte. Ob sich Menschen in Märchen auf Pferde – oder Löwenrücken, auf Adlerschwingen oder Greifsfedern in die Lüfte erheben, ob sie sich eines Glücksdrachens bedienen, wie in Michael Endes „Unendlicher Geschichte", immer geht es um die phantastische, aller Begrenzungen enthobenen Bewegung durch Zeit und Raum. Die Überwindung der Raum-Zeit-Grenze durch die magische Geschwindigkeit ist ein alter Menschheitstraum. Science-Fiction oder phantastische Filme variieren die alte Sehnsucht, wenn Menschen mit Zeitmaschinen ihr Dasein völlig verlassen und gottgleich ihren Aufenthaltsort wählen, wo und wann es ihnen beliebt. Lautlos bewegen sich riesige Raumschiffe mit vielfacher Lichtgeschwindigkeit durch die Phantasie der Hollywoodproduzenten und den galaktischen Raum des Films. Um so krachender materialisieren sich die Größenideen von der grenzenlosen Bewegung im Batmobil.

Das Traum-Auto spiegelt Sehnsüchte und Ziele seiner jeweiligen Epoche wider. Als bessere Kutsche geboren, versuchte das Automobil mit bequemen Fauteuils und elegantem Interieur die Vorstellung vom standesgemäßen Reisen jener Tage zu verwirklichen. Die Verherrlichung technischer Größenideen bestimmte die Sehnsüchte der Nachkriegszeit. So auch im Kraftfahrzeug. Das Raketenzeitalter mit seinen Träumen von Raumstationen und dem Leben auf Mond, Mars und Meeresboden und der Erlösungsvorstellung grenzenloser technischer Möglichkeiten, kreierte sein monströses automobiles Symbol – die gigantische Heckflosse: das Automobil als Abbild von Flugzeug und Rakete, mit dem Cockpit des Piloten, das dem des Jets nachempfunden war. Damit stiegen imaginäre Bedeutung und Glanz von Fahrzeug wie Besitzer.

Ungeschminkt zeigen das die Filme jener Epoche. James Bonds Wagen, ohnehin schon mit Schleudersitz zur Entfernung mißliebiger Beifahrer, mit Raketen und Panzerplatten ausgestattet, begab sich notfalls auch mal von der Straße ins Meer, um unter Wasser die Fahrt fortzusetzen. Comic-Helden wie Batman schwören ehedem auf Düsenantrieb. Die Fahrzeuge der Helden sind nicht nur raketengleich. Wenn es denn sein muß, und sie tatsächlich in die Lüfte abheben, sind sie die ideale Kombinbation von Flug- und Meeresfahrzeug, Straßenmaschine und Kampfgefährt. Keine Beschränkung grenzt ihre Funktionen ein, der Fahrer muß sich nicht mit der lästigen Entscheidung zwischen Panzer, Jet, U-Boot oder Rennwagen herumplagen. Dieses Auto ist einfach perfekt: das Ideal von Unverletzbarkeit und Grenzenlosigkeit, der Blech gewordene Größenwahn. Doch die Zeiten ändern sich.

Mit intelligenten Waffen und Chips kommen auch die intelligenten Fahrzeuge daher. Die Fiktion vom interstellaren Reisen und Kämpfen wich der Idee des computergesteuerten Lebens, der reibungslosen und intelligenten Lösungen; die grenzenlose Raumfahrt machte der Vorstellung von den unbegrenzten Möglichkeiten in den Köpfen und Maschinen Platz. So auch die Produkte von Automobil- und Traumindustrie: Elektronisch gesteuerte Antriebsaggregate, Verkehrsleitfunk und Computertechnik sollen den reibungslosen Verkehr von morgen sichern. Das intelligente Auto steuert mehr und mehr Bereiche selbst und kommuniziert mit örtlichen Leitsystemen, um Staus zu umgehen oder freie Parkhäuser zu melden. Wiederum krasser und darum leichter erkennbar im Film: Knight Rider, das superkluge Auto, ist der smarte Begleiter seines Fahrers, es regelt buchstäblich alles selbst, schützt seinen Besitzer, spricht sanft zu ihm und übernimmt auch schon mal die Auseinandersetzung mit den Mächten des Bösen, wenn der Held ausfällt.

So wird das Auto zur besseren Hälfte seines Fahrers, zum Freund und Begleiter, zum Zwilling, der will und denkt, was man selbst auch empfindet. Das seelenlose Ding, das einst Karl Mays Roß ablöste, scheint lebendig zu werden, ausgestattet mit mehr Intelligenz und Kraft als all die märchenhaften Tiere je besaßen. Mein Auto und ich – Freundschaft, Überwindung von Einsamkeit und Isolation, Kompensation eigener Begrenztheit, die Flucht in die Fantasy-Welt.

Die Produktionen der Traumindustrie bleiben nicht ohne Folgen für den automobilen Alltag. Nicht bloß, daß sich Styling und Funktionen der Autos die gegenwärtigen Technikideologien und Ziele zu eigen machen, wie dies Raketen und Star-War-Attribute demonstrieren. Die Fantasy-Welt stylt umgekehrt auch die Realität der Autos. Den Regalen der Spielwarengeschäfte entnommen, abgeguckt dem Turtlemobil oder mancher Mond- und Marsfahrzeuge unserer Kleinsten kommen überdimensionierte Pick-Ups und Geländewagen daher, mit absurder Bereifung höhergelegt, als gelte es Mondkrater zu überwinden, mit Scheinwerfern auf dem Dach, als müßten die düsteren Abwässerkanäle der Turtles durchmessen werden. Der Fahrer ist längst abgetaucht in seine imaginäre Welt aus Comic und Film, aus Spielzeug und Traum. „Hallo Partner – dankeschön" dürfte da nicht unbedingt seinen Adressaten erreichen.

## Fluchtpunkte

„Mal raus aus allem", aus den eigenen vier Wänden und dem Ärger im Büro, der Schlechtwetterfront heimischer Regenzeiten, raus aus Smog und Lärm, aus Siedlung oder Silo, aus Schicht und Akkord oder ewiggleicher Eintönigkeit. Der Sonne entgegen, sein eigener Herr sein, das Steuer selbst in die Hand nehmen und sich treiben lassen oder im Affenzahn versuchen, die Rekordzeit vom letzten Spanientrip zu unterbieten – Urlaub, Ausflug, Spazierfahrt.

Wo Wohnraum knapp ist und Mieten hoch sind, wo Parks überfüllt sind oder gänzlich fehlen, wo das Grau der Städte auf ihre Bewohner abfärbt, wächst das Bedürfnis auszubrechen. Enge der Wohnverhältnisse und alltägliche Verpflichtungen rufen den Wunsch nach Freiheit und Abwechslung hervor. Eintönigkeit und Reglememtierung des Alltags produzieren die Sehnsucht nach Ungebundensein. Dem kann der Mallorca-Pauschal-Urlaub mit Vollpension und Abendanimation wenig entgegensetzen. Gefragt ist die große Freiheit, der Austieg aus Beruf und Alltag mit Retourmöglichkeit. Seßhaftigkeit und Verpflichtungen in Büro und Familie, in Wohnkomplex und Terminkalender evozieren ihr Gegenteil: der idealisierte Wunsch nach Nomadendasein, nach Trecking und Freiheit, Ungebundenheit und Sich-Treiben-Lassen. Der Trend zu Kurzurlaub und verlängertem Wochenende nährt die Illusion, eigentlich ständig unterwegs und nie ganz eingebunden zu sein.

Das Wohnmobil hat in weiten Bereichen den zu sehr nach Spießertum riechenden Campingcaravan abgehängt. Dem studentischen VW-Bus oder Grenzschutz-Laster abgeguckt, ein bißchen mit dem Flair von Grzimek in Serengeti versehen, stehen die Anbieter spagat: Einerseits die große Ungebundenheit anpreisend, den Austieg für 4 Wochen liefernd, wollen sie Freiheit verkaufen. Doch die will niemand, wenn sie nicht mit heimischen Komfort gepaart ist, mit Dusche und keimfreiem WC, mit Kochnische und Klimaanlage: Man nehme seine Wohnung und schnalle sie auf vier Räder.

Die fortschreitende Umwelt- und Naturzerstörung produziert den Wunsch nach Naturverbundenheit. Der Trend zum Wohnmobil, wie es so treffend heißt, erwächst aus dem Bedürfnis, ganz in der Natur zu sein, buchstäblich aus allem raus, um nur noch die (angeblich) unzerstörte Landschaft genießen zu können. Ohne Campingplatzatmosphäre, möglicherweise wild campierend, an der zerklüfteten Felsenküste oder am Sandstrand (ein weiterer

Grund, einen Allradantrieb zu wählen), im Wald oder auf freiem Feld gewinnt man den Eindruck, daß man immer noch aussteigen kann und fühlt sich als Trapper am Lagerfeuer. Dabei wird gerne übersehen, daß gerade diese Art des Tourismus auch noch den letzten Fleck unberührter Natur vergewaltigt. Es ist ein absurdes Dilemma: zerstört wird, was man sucht und indem man es sucht. Je weiter unsere Naturzerstörung fortschreitet und je umfassender unser Wissen darum wird, desto mehr wächst auch der Wunsch, in den Schoß dieser Natur zurückkehren zu wollen. Und das scheint einstweilen am ehesten mit martialischem Gerät möglich, mit immer wuchtigeren Allradfahrzeugen und immer größer werdenden Wohnmobilen. Man fährt sein Wohnzimmer an die imaginäre einsame Küste, Eiche rustikal vor Fischerdorf oder Gebirgsserpentinen.

Zugleich symbolisiert diese Art des Naturerlebens unser Verhältnis zur Natur: Vorstellbar scheint am ehesten noch die gewaltsame Einnahme ihrer Jungfräulichkeit; Erleben und Zerstören scheinen eins zu werden, ein Überleben dessen, was erfahren werden soll, undenkbar.

## Pseudo-Realitäten

Je größer die Bedeutung, die wir dem Auto geben, desto mehr wird es zur Ersatzwelt; es scheint die Realität von Arbeit, Familie und persönlichen Beziehungen völlig zu dominieren. Das Auto avanciert zum Lebenszweck schlechthin, wird zum Sinn des Lebens. Als Pseudo-Realität scheint die Welt des Autos wie ein überdimensionierter Zwang unser Leben zu beherrschen, wie eine Sucht alle anderen Lebensbereiche in den Hintergrund treten zu lassen. Denn für das Automobil arbeiten wir und verbringen außerdem noch weitere große Zeitspannen in ihm – ob rasend oder stehend – wir putzen und wienern es, lesen Artikel und Zeitschriften über automobile Themen, organisieren uns in Automobilclubs, gründen Fangemeinden – kurz, das Auto spart viel weniger Zeit, als es uns tatsächlich kostet. Auf diese Weise kehren sich die Verhältnisse um: Wir besitzen den eigenen Wagen nicht mehr in erster

Linie zur Beförderung, selbst nicht mehr nur als Freizeitspaß. Vielmehr arbeiten und wohnen wir rund um das Auto, wir machen es zum Mittelpunkt unseres sozialen Lebens, es ist der Höhepunkt und sichtbarste Beweis der Karriere, der Verbindung zu Gleichgesinnten und dabei zugleich Möglichkeit, mehr zu scheinen als man ist. Das Gros der neuzugelassenen Kraftfahrzeuge wird durch Kredite von ihren glücklichen Besitzern finanziert, was nichts anderes heißt, als daß die Mehrzahl der stolzen Eigentümer mit ihrer Kaufentscheidung über ihren eigentlichen Verhältnissen und Möglichkeiten liegen. Bereits 25% der Neufahrzeuge werden über die herstellereigenen Bankinstitute finanziert, jeder fünfte Neuwagen ist geleast; im Grunde wird heute kaum noch ein Neuwagen aus eigenen Barmitteln angeschafft: deutliches Zeichen, daß Verbraucher kaufen, was sie sich eigentlich gar nicht leisten können. [5]

Das Auto bietet kleine Fluchten aus eigener ökonomischer und sozialer Begrenztheit, aus Rollenzwang und gesellschaftlicher Erwartung. Der Arbeiter oder kleine Angestellte kommt mit dem blitzblanken Mercedes, sein Chef mit dem Golf. Längst ist allgemein akzeptiert, daß jedermann ein – in gewissen Grenzen – größeres oder teureres Auto fährt, als er sich eigentlich leisten könnte. Die Schranke zum Naserümpfen über den Aufschneider rückt in immer weitere Ferne. Lediglich Angehörige sozialer Problemschichten werden ob ihrer konsequenterweise noch bombastischeren Automobile belächelt. Ohne es genau wissen zu wollen, lacht man wohl am Ende über sich selbst: allzu deutlich werden die Kauf- und Verhaltensmuster des Normalbürgers ins Absurde gesteigert. Diesen Zerrspiegel nimmt der Spießer dem Asozialen übel, wer sieht sich schon gerne unfreiwillig karikiert?

Ohnehin erleben die meisten Autofahrer Automarken als Ausdruck einer Hierarchie: Das kleine Auto ist sozusagen auch klein, nämlich kindlich, der große Wagen erwachsen. Und entspre-

---

[5] Angaben von Ford AG in einer persönlichen Mitteilung, bzw. Broschüre des Arbeitskreis der Banken und Leasinggesellschaften der Automobilwirtschaft, Braunschweig o.J.

chend fühlen sich die Fahrer kleinerer Wagen eben auch kindlicher, sie meinen, zu denen aufzuschauen, die die erwachseneren Autos fahren und daher (scheinbar) auch erwachsener sind. Was Wunder, daß sich dieses Leiden am eigenen Auto und dem der anderen auch im Kaufverhalten niederschlägt. Als Käufer muß man sich mit dem Kompromiß zwischen Sehnsüchten und Geldbörse herumschlagen, zwischen Wunsch und Wirklichkeit. Etwa die Hälfte der Autofahrer gab bei einer Befragung zu, nur wegen des Portefeuilles ihre Wahl getroffen zu haben. Ihre Sehnsüchte hingegen gehörten dem Traumauto, daß man sich nicht leisten kann, aber eben doch gerne hätte: schwere Limousinen oder Sportwagen. [6] Gerne helfen hier die Automobilanbieter durch großzügige Kreditangebote weiter, die das Traumauto finanzieren sollen, daß man sich eigentlich gar nicht leisten könnte. Und weil das Auto so teuer war, bleibt weniger Freizeit, um es tatsächlich nutzen zu können, nachdem man entsprechend mehr für die Realisierung des Traumes arbeiten oder auf andere Konsumgüter verzichten mußte. Mittlerweile gibt ein 4-Personen-Haushalt 30% der laufenden Freizeitaufwendungen für das Auto aus. [7] Das Auto dominiert die Feizeit, der es dienen soll.

Die Monströsität des Fetischs Auto liegt auch in seiner Einzigartigkeit begründet, die es für viele Fahrer besitzt. Es ist das teuerste und – wenigstens am Tage des Kaufs – makelloseste und perfekteste Objekt, das sie jemals in ihrem Leben ihr eigen nennen können. Je teurer und makelloser es glänzt, desto idealer scheint auch Leben oder Person des Besitzers. Die Realität ist suspendiert, und die Ersatzwelt des Autos tröstet über Beschränkungen und empfundene Ungerechtigkeiten hinweg.

Die Angst, das ideale Objekt könne beschädigt werden, führt zu vorbeugenden Maßnahmen: Bevor man den Kratzer am geliebten Auto entdeckt, der durch fremde Hand entstand, fügt man ihn sich lieber selber symbolisch zu, indem man einen Aufkleber,

[6] Berger, H.-J., Bliersbach, G., Dellen., R.G., 1973, Macht und Ohnmacht auf der Autobahn, Dr. Arthur Tetzlaff-Verlag, Frankfurt/M., S. 49–54.
[7] Opaschowski, H.W., Herausforderung Freizeit. Perspektiven für die 90er Jahre. Band 10 der Schriftenreihe zur Freizeitforschung des BAT Freizeit Forschungsinstituts, Hamburg, BAT 1990.

einen farbigen Fleck, auf das ansonsten blitzblanke Auto plackt, und ist so immerhin Täter, nicht Opfer der Beschädigung.

Bisweilen zeigen Autohauben den Ersatzcharakter für das echte Leben kitschig-vielfarbig: Fantasymotive halbnackter Frauen mit schön-leerem Gesicht, Landschaften aus vergangenen oder künftigen Zeiten, heroische Ritter und Kämpen schmücken das Automobil und weisen ihm den Weg in die Welt der Sehnsüchte. Weil alles sich ums Auto zu drehen scheint, tritt die brutale, unbefriedigende Realität von Arbeits- und Alltagsleben in den Hintergrund. Was zählt ist die Zeit mit dem geliebten Objekt, eben die Frei-Zeit.

Das Sparen auf das nächst-größere und teuerere, auf das neuere oder neueste Modell, die Verschönerung durch Accessoires und Zubehör läßt die Forderungen der Realität und mögliches eigenes Versagen zurücktreten. Das immer schönere, bessere Auto wird zum Lebenszweck, seine Anschaffung und Unterhaltung zum wesentlichen Inhalt. Wo Aufstiegschancen verbaut, wo der Alltag grau und Lebensperspektiven nicht in Sicht sind, bietet das Auto Ersatz. Im Nu sind soziale Hierarchien umgekehrt, wenn sein Besitzer seinen Chef überholt oder durch den Glanz seines Lacks wenigstens einmal in den Schatten stellt. Denn ein echter Kerl ist, wer ein echtes Auto fährt. Und das gilt immer weniger ausschließlich für männliche Fahrer. Das Automobil bietet ein für jeden jederzeit aufsuchbares Refugium.

Jede Gesellschaft hält „wichtigste Nebensachen" für ihre Mitglieder bereit, wie es über den Fußball so treffend heißt. Ob Karneval, Sport oder Schützenclub, ob Motorradclub, Rockband oder freiwillige Feuerwehr, alle bieten Ausstieg und Flucht aus dem gelegentlich allzu frustrierendem Alltag, sind zudem eine zweite Chance, wo man mehr sein kann, als andernorts. Vereinsfunktionär oder Schützenkönig kommen ganz groß raus, wenigstens hier und wenigstens einmal in ihrem Leben. Beim Auto ist es nicht anders. Die Freizeitmobilität mit dem Auto ist dort um so größer, wo das Dableiben als unerträglich empfunden wird, wo die Zufriedenheit am Ort klein und daher der Erlösungswunsch mit dem Woanderssein verknüpft ist – sei es ein anderer Ort oder ein anderes Leben.

110

## Bindungslosigkeit und die Bindung ans Auto

Als sich die Deutschen in den fünfziger Jahren der Verdrängung ihrer Vergangenheit und dem Aufbau des Wirtschaftswunders zu widmen begannen, blieb ihnen darüberhinaus nicht viel freie Zeit. Lediglich 1,5 Stunden standen neben Arbeit und täglichen Verrichtungen zur Verfügung, um am Nierentisch zu entspannen, gerade mal 9 Urlaubstage betrug 1950 durchschnittlich die Jahresfreizeit; samstags war bloß der Nachmittag arbeitsfrei. Demgegenüber übertrifft die freie Zeit der Menschen im Jahre 1990 alles bisher Dagewesene: Mit etwa 31 Jahresurlaubstagen und über 4 Stunden täglich frei verfügbarer Zeit, sowie einer erheblich verkürzten Lebensarbeitszeit boomt die Freizeit- und Tourismusbranche. Freie Zeit stellt allerdings auch eine Herausforderung dar. War nämlich in den fünfziger Jahren Arbeit noch der zentrale Lebensinhalt, so suchen heutige Generationen in einer Mischung aus Freizeit und Arbeit ihren Lebenssinn.[8] Und das mit großen Schwierigkeiten: Zentrale Orientierungen und Sinngebungen wie Religion und Familie, Staat und Gesellschaft sind als sicherheitsspendende Werte weitgehend verloren gegangen. Der Sinn des Lebens läßt sich in leerer werdenden Kirchen nicht mehr von der Kanzel predigen, findet sich nicht allein mehr in einem arbeitsreichen, entbehrungsvollen Leben, nicht mehr im Dienst für den Staat oder im Heldentod auf dem Schlachtfeld. Die alten, ehernen Werte sind dahin und mit ihnen Bindungen, die dem einzelnen Sicherheit und Orientierung gaben, kurz einen Ort, wo man hingehörte. Wertepluralismus und mobile Gesellschaft verlangen neue Orientierungen besonders dort, wo die alten unannehmbar wurden. Jeder einzelne ist gefordert und allzu häufig überfordert, seinem Leben Sinn und Inhalt zu geben. Neben fundamentalistischen Strömungen, die den Verlust durch besonders rigide Ideologien kompensieren und Probleme durch Vereinfachung lösen wollen, regiert ein Bedürfnis zunehmend ungeschminkter die Er-

---

[8] Vgl. Opaschowski, H.W., Herausforderung Freizeit. Perspektiven für die 90er Jahre. Band 10 der Schriftenreihe zur Freizeitforschung des BAT Freizeit Forschungsinstituts, Hamburg, BAT 1990.

wartungen an Freizeit und Lebensinhalt: Flucht aus Verantwortung und sozialen Verpflichtungen, Spaß an Freizeit und Ungebundenheit.[9] In den Worten der Freizeitforscher: „Der genußfähige Egoist wird stärker, der sozialfähige Mitmensch kann sich kaum behaupten."[10]

Das Auto steht in einer solchen Freizeit- und Lebensorientierung zentral. Unabhängig davon, ob es seinen Anspruch einlöst, soll es Freude und Spaß vermitteln, Freiheit und Ungebundenheit verkörpern und die Potenzen des Besitzers unterstreichen. Es ist für viele ein Synonym für Freizeit und Lebensfreude, für Möglichkeiten lustvollen Erlebens, Urlaub und Reisen. Solange der eigene Wagen als Garant dieser Lebensinhalte erlebt wird, bedeutet ein auch nur partieller Verzicht auf individuelle Mobilität einen enormen Einschnitt in die eigene Lebensqualität und wird große Widerstände hervorrufen.

Auch wenn das Auto diese Versprechungen in der Regel wegen der Straßenverhältnisse und seiner immensen Kosten nicht einlösen kann, reicht bereits die Illusion aus, um seinen Wert für den einzelnen festzuschreiben. Denn oftmals geht es weniger darum, was das Automobil wirklich ist oder kann, als vielmehr, was es dem Besitzer bedeutet. Vernunftappelle allein sind da wenig erfolgversprechend.

---

[9] Ebenda, S. 38 und S. 58.
[10] Ebenda.

# Psychologische Widerstände gegen eine neue Verkehrspolitik

Jede Verkehrspolitik, die die mörderischen Verhältnisse auf unseren Straßen ändern will, die sich einsetzt für lebenswerte Innenstädte und umweltverträgliches Reisen, für eine radikale Beschränkung der Luftverpestung und der ökologischen Belastungen muß sich mit den psychologischen, oft unbewußten Widerständen auseinandersetzen. Gründe für kollektive Widerstände liegen sowohl in der psychosozialen Entlastungsfunktion des Autos, in seinen illusionären Versprechungen und den Affekten, die es vermittelt, als auch in den als unattraktiv empfundenen Alternativen. Mehrheiten lassen sich finden. Doch muß man sie zu nutzen verstehen, wenn man nicht scheitern will. Das Aufheulen von Geschäftleuten, die sich durch autofreie Innenstädte bedroht sehen, muß nicht unbedingt durch tatsächliche Umsatzeinbußen begründet sein. Ängste und die verunsichernde Notwendigkeit einer flexiblen Reaktion auf die neue Situation sind allemal Grund genug, den wirtschaftlichen Niedergang heraufzubeschwören, wo es vielleicht eher an unternehmerischen Gaben fehlt. Und es wird nicht immer leicht sein, zu unterscheiden zwischen realen Befürchtungen und Ängsten und Widerständen, die im Gewand sachlicher Argumentation daherkommen. Die Berücksichtigung psychologischer Motive ist daher in jedem Fall sinnvoll.

## Symbol oder Gegenstand

Das Automobil gilt als Symbol persönlicher Mobilität und Unabhängigkeit. Möglichkeiten und persönliche Freiheit drücken sich in seinem Besitz aus – unabhängig davon, ob das Symbol als reales Objekt diese Wünsche auch befriedigt. Der Symbolwert des

Autos ist bisher noch weitgehend von seinem Gebrauchswert unabhängig. Das erklärt, wieso stundenlanges Stehen im Stau nicht zu einer grundsätzlichen Neubewertung des Automobils führt. Mit dem realen Auto steckt man im Stau, mit dem Symbol persönlicher Mobilität jedoch keineswegs. Der Stau behindert das Ziel der Fortbewegung und ist in dieser Hinsicht sicher ein Argument für öffentliche Verkehrsmittel. Andererseits stellt er auch ein Erlebnis dar, ist sozusagen Teil der persönlichen Möglichkeit, in der Freizeit etwas zu erleben. (Man darf sich das ruhig noch einmal in Erinnerung rufen: immerhin jeder fünfte genießt in dieser Weise das „Freizeiterlebnis Stau".) [1] Verwechselt man diese beiden Ebenen, so bleibt die Widersprüchlichkeit vieler Verkehrsteilnehmer unverständlich. Die Unsinnigkeit des Automobilgebrauchs für kurze innerstädtische Strecken sehen mittlerweile viele Verkehrsteilnehmer ein, was sie aber nicht davon abhält, weiterhin ihr Auto just hierfür zu benutzen. Zwar mag jemand über Verkehrslärm klagen, als Autofahrer aber durch seinen Fahrstil ganz wesentlich mit zum Lärm beitragen. Auch mag jemand die Raserei unerträglich finden, sich andererseits aber nicht an Geschwindigkeitsbegrenzungen halten. Einstellung und Verhalten, so weiß die Sozialpsychologie, sind nicht identisch. Von dieser Diskrepanz zwischen eigener Bewertung und tatsächlichem Verhalten bleibt auch die Verkehrspolitik nicht unberührt. Selbst wenn immer mehr Bürger drastische Maßnahmen fordern, weil sie sich mehr und mehr durch den Straßenverkehr beeinträchtigt fühlen, muß das nicht heißen, daß sie einer anderen Politik unbedingt ihre Unterstützung geben oder sich an neue gesetzliche Auflagen auch halten, die sie gerade noch forderten. Am ehesten ist das Problem so zu umschreiben: Die Mehrzahl der Bürger ist für eine drastische Einschränkung des Verkehrs und seiner Folgen, für Verkehrsberuhigung und andere Maßnahmen. Und die Mehrzahl ist dagegen, daß ihre persönliche Mobilität davon betroffen sein soll.

Anders gesagt: Auf das Auto als reales Fortbewegungsmittel mit seinen Unbill ist so mancher bereit zu verzichten oder würde es

---

[1] Frankfurter Rundschau, 5. 6. 1992.

häufiger mal stehen lassen. Das Symbol persönlicher Mobilität dagegen wird man nicht so leicht aufgeben wollen, auch wenn dieses Symbol mit der Realität wenig gemein hat. Wer also Autofahrer zum Umsteigen auf Busse und Bahnen, auf Fahrrad und Schusters Rappen bewegen will, muß diesen wichtigen Unterschied bei seiner Öffenlichkeitsarbeit beachten.

### Fortbewegungsmittel oder Lustobjekt

Doch ist das Auto eben nicht bloß Symbol persönlicher Autonomie und Größe, Ausdruck von Freiheit und Lebensstandard. Ob Symbol oder realer Gegenstand, es ist vor allem auch Lustobjekt. Neben dem Fortbewegungs- hat es Lustcharakter – oft beides. Die Fahrt zum Arbeitsplatz inclusive obligatorischem Stau mag in erster Linie Beförderungsfunktion haben; inwieweit aber auch der Lustcharakter der Fahrt maßgeblich ist, hängt von einer Vielzahl von Faktoren ab. Der Fahrer nutzt zum Beispiel die Fahrtzeit, um Musik zu hören, einmal ganz für sich zu sein (vielleicht die einzige Gelegenheit des Tages), um sein Selbstwertgefühl zu regulieren, kurz, um durch das Autofahren einen Lustgewinn zu erzielen. Und der muß eben nicht durch Stau und Stop-And-Go zunichte gemacht sein. Zwar dauert die Fahrtzeit dann womöglich länger als mit öffentlichen Verkehrsmittel, doch betrifft das nur den Beförderungsaspekt, nicht aber die Lustkomponente. Daher kann das Argument, in Bussen und Bahnen komme man bequemer, schneller und stressfreier ans Ziel – so richtig es auch ist – , den Betreffenden mit seinen Bedürfnisen völlig verfehlen. Denn womöglich nimmt der Fahrer die Behinderungen von Stau und Parkplatzsuche gerne in Kauf, um auf die genannten Vergnügungen nicht verzichten zu müssen. Werbung für öffentliche Verkehrsmittel, die die Lustkomponenete der Autofahrt unberücksichtigt läßt, wird daher bei der Zielgruppe der „Lustfahrer" scheitern.

Ein eklatantes Beispiel solch verfehlter Werbung liefern die Aachener Verkehrsbetriebe mit ihrem Slogan „Der Traum vom Fahren. Wenn jeder ihn verwirklicht dreht sich das Rad nicht mehr."

Viel Geld wird für einen erhobenen Zeigefinger ausgegeben, der an die Vernunft des Autofahrers appelliert und zum Verzicht aufruft. Unbeholfene Sprache und hoher Abstraktionsgrad quälen den zukünftigen Fahrgast, noch bevor er umgestiegen ist. Versprochen wird nichts, und obendrein soll man verzichten, damit andere weiterfahren können. „Wenn das jeder täte", die pädagogische DIN-Belehrung jeder anständigen Kindheit weckt Schuldgefühle und Abwehr, wo es gerade beim öffentlichen Nahverkehr um eine Verbesserung der Lebenslust gehen sollte. Doch die muß sich vermitteln. Überläßt man die Lustkomponente den Werbestrategen der Automobilkonzerne, und präsentiert sich mit dem betörenden Charme des Moralapostels, braucht man sich über ausbleibende Fahrgäste nicht zu wundern.

### Innere Beweglichkeit oder äußere Mobilität

Die sprichwörtliche mobile Gesellschaft erfordert zweifache Flexibilität: einmal die Bereitschaft, immer größere Wege für Broterwerb und – falls gewünscht – auch für Erholung zurückzulegen, eben äußere Mobilität. Zum anderen ist durch die Infragestellung von Werten und die Hinfälligkeiten alter Ordnungen eine geistige Beweglichkeit gefordert, die innere Wege der Relativierung ebenso rasch zurücklegen soll wie das Auto äußere Wegstrecken. Die Ablösung von Elternhaus und seinen Werten, von der heimatlichen Scholle und die Vielfalt, ja oftmals scheinbare Beliebigkeit ethischer Werte stellt den Einzelnen sicher vor wesentlich größere Schwierigkeiten als die bloß äußere Mobilität. Der verlorene Sohn der biblischen Geschichte findet sein Elternhaus wieder, kann zurückkehren zum heimatlichen Hafen, in der Hoffnung, Aufnahme zu finden. Die Loslösung von elterlichen Werten und Sicherheiten, die innere Trennung vom Zuhause kennt kein Zurück. Freiheit und Verlorenheit innerer Beweglichkeit übertreffen bloß räumliche Bewegung. Oftmals mag es leichter erscheinen, sich auf Reisen zu begeben, als innerlich in Bewegung zu geraten, ohne sich vom Fleck zu bewegen. Die Verwechslung von äußerer Bewegung, von Mobilität mit innerer Flexibilität liegt dem Erlebnishunger nach immer weiteren und exotischeren Reisen mit zu Grunde. Das Bedürfnis, in immer kürzerer Zeit immer mehr erleben zu wollen, verweist auf die Schwierigkeit, sich selbst ohne äußere Erlebnisse erfahren zu können. Innere Leere verlangt nach lärmenden Freizeitabenteuern. Das Auto verspricht wie kaum ein anderes Freizeitinstrument Erlebnisse in rascher Abfolge, es gauckelt Mobilität vor, wo innere Beweglichkeit am Platze wäre. Die Beweglichkeit, Erfahrungen machen zu können, auch ohne sich fortzubewegen, steht jedoch nicht jedem in gleichem Maße zur Verfügung. Zudem kann Mobilität Ängste und Ängstlichkeit überdecken, wo das Innehalten sie aufdecken würde. Bindungslosigkeit und Leere führen zu einer Bindung ans Auto, das Erleichterung verspricht und Erlebnishunger befriedigt. Das Auto hat eine erhebliche psychosoziale Funktion, indem es den einzelnen stabilisiert und dabei dem Leben zugleich Vielfalt zu verleihen scheint.

### Motive psychologischer Widerstände

Motive psychologischer Widerstände gegen eine Verkehrspolitik, die die Benutzung des Privatwagens zurückdrängt, liegen in folgenden Bereichen:

1. **Selbstwertgefühl**: Das Gefühl, jemand zu sein, ist in seiner Entstehungsgeschichte eng mit der Fort-Bewegung verknüpft. Der private PKW befriedigt diese Bewegungslust und betont die persönliche Unabhängigkeit. Autofahren dient der Regulation des Selbstwertgefühls. Der Verzicht auf das Auto wirft die Frage nach Alternativen der Selbstwertregulation auf.

2. **Thrill**: Auto und Motorrad ermöglichen den Nervenkitzel, sich Gefahren auszusetzen, sie zu meistern und das Gefühl eigener Größe und Grenzenlosigkeit zu erleben. Auf diese Weise bietet das Auto ein Refugium für infantile Größenphantasien und die scheinbare Suspendierung aller Begrenzungen durch die Realität. Ein ähnlich leicht verfügbares, sozial akzeptiertes Mittel für Thrill und Größengefühle ist nicht in Sicht.

3. **Regression**: Die Fahrt im Auto gerät zur regelmäßigen und

jederzeit aufsuchbaren Regression des erwachsenen Ichs auf frühe Organisationsformen der Bindungs- und Grenzenlosigkeit. Wahrnehmung, Affekt, Realitätsprüfung und Verhalten infantilisieren sich in der Folge davon. Das Auto bietet seinem Fahrer die Gelegenheit, bei Bedarf zu Größengefühlen und Allmachtsphantasien zurückzukehren.

4. **Soziale Kompensation**: Analog zur gesellschaftspolitischen Situation findet im Straßenverkehr ein Verdrängungswettkampf der Stärkeren gegen Schwächere statt. Allerdings bietet die Straße die Möglichkeit der Revanche: Wer an anderer Stelle sozial unterliegt, wer sich beschämend schwach und zurückgedrängt erlebt, mag mittels seines Autos die Verhältnisse wenigstens kurzfristig umkehren. Das Auto kompensiert illusionär sozioökonomische und psychosoziale Schwäche.

5. **Rechtsfreier Raum**: Die Straße wird zum scheinbar rechtsfreien Raum. Sonst bestehende Schranken und Grenzen scheinen aufgehoben und damit ein anarchischer Zustand erreicht, der kurzfristig befreiend auf das üblicherweise alle Zwänge und Einschränkungen beachtende Ich wirkt (Nischenfunktion).

6. **Pseudo-Identität**: Der Besitz eines Privatwagens wird mit unterschiedlichen Pseudo-Identitäten und Rollenklischees verknüpft. Wo alte Orientierungen und Werte, familiäre Bindungen, religiöse Bezüge und Bodenständigkeit (die das Auto ja gerade zerstört) aufgelöst werden und mithin auch die damit vormals erreichte persönliche Sicherheit und Identität, beginnt die Suche nach Ersatz. Das Auto erscheint als eine hervorragende Möglichkeit, sich selbst und andere zu definieren und dem eigenen Leben Sinn zu geben.

7. **Symbol für Lebensqualität**: Die Benutzung des eigenen Wagens wird mit Lebensqualität, Freizeit und Urlaub gleichgesetzt; es hat hohen subjektiven Symbolwert für Lebensfreude und Möglichkeiten individueller Freizeitgestaltung, unabhängig davon, ob es diesen Anspruch auch einlöst.

8. **Soziale Errungenschaft**: Der Besitz des eigenen PKW's für kleine Leute galt Jahrzehnte als politisches Programm von SPD und Gewerkschaften. Mit der Erreichung dieses Ziels ist ein Stück Geschichte der Arbeiterbewegung verbunden.

9. **Distanz zur sozialen Realität**: Öffentliche Verkehrsmittel konfrontieren mit der sozialen Realität. Penner, Betrunkene, an den Rand der Gesellschaft Gespühlte begegnen dem Fahrgast auf Bahnhöfen und U-Bahnstationen, in Bussen und Bahnen. Das Auto bewahrt vor der Zumutung sozialer Mißstände, läßt seine Insassen unberührter an den Symptomen der Zweidrittelgesellschaft vorbeigleiten.

10. **Kontrolle**: Die Benutzung des eigenen PKW's überläßt dem Fahrer Festlegung von Abfahrtszeit, Route, Mitfahrern, Fahrstil, und Rahmenbedingungen wie Musik, Rauchen, Temperatur usw.. Zudem befindet sich der Fahrer in seinen eigenen vier Wänden, die er mit persönlichen Dingen ausstatten kann. Bei der Benutzung öffentlicher Verkehrsmittel erleidet der Reisende einen (partiellen) Kontrollverlust hinsichtlich der genannten Bedingungen; er hält das Steuer buchstäblich nicht mehr in Händen.

Für die meisten hier aufgeführten Bereiche ist – wenigstens kurzfristig – kein vergleichbarer Ersatz verfügbar.

Doch bleibt die Frage nach der Vielfalt ohne Auto, nach Freizeitgenuß und Abenteuern ohne Rasen und Stau, ohne Lärm und Gestank. Ist wirklich einzig das Auto Voraussetzung ungetrübter Lebensfreude, Selbstbestimmung und der dröhnenden Freiheit für freie Bürger? Sind nicht Konzepte denkbar und bereits teilweise erprobt, die ganz andere Möglichkeiten von Mobilität und Beweglichkeit, von Freizeit und Spaß bieten? Muß der Verzicht auf das Auto der verknöcherten Verklemmung gleichkommen? Gibt es wirklich nur die Polarisierung rallyebegeisterter Motorsportler und hallelujanaiver Aussteiger? Kann eine andere Verkehrspolitik mehr als Verzicht bedeuten, nämlich Gewinn an Lebensqualität für alle, gar gesteigerte Möglichkeiten und den Genuß, Bewohner einer City zu sein? Welche Perspektiven hat eine Verkehrspolitik, die das Auto weder zelebriert noch verdammt?

# Mit Vollgas in die Sackgasse oder Aufbruch zum Verkehr der Zukunft?

### Die Alternativen

Der private Personenverkehr dominiert den Verkehr in und außerhalb der Städte. Auch wenn LKW's für Luftverschmutzung und Lärm in besonderem Maße verantwortlich sind, indem sie 40% der Stickoxide und 75% der Rußpartikel emittieren, unsere Innenstädte werden besonders vom privaten Personenverkehr überschwemmt. Der Verkehrsinfarkt der Städte ist der Kollaps des privaten Autoverkehrs. Wenn lediglich 32% der Autofahrten länger als 10 Kilometer sind, dann wird auch deutlich: In der Mehrzahl der Fahrten kommt der gepriesene Katalysator nur in einer einzigen Hinsicht zum Einsatz. Er beruhigt das Gewissen. Seine Funktionsfähigkeit nämlich erreicht er erst bei Betriebstemperatur. Hieran wird auch bessere Technik wenig ändern, denn das Automobil wird für Kurzstrecken benutzt, für die es nicht geeignet ist. Die Citys werden unbewohnbar, Lärm, Gestank und Gefährdung unerträglich, weil wir mit unseren innerstädtischen Fahrten unseren Lebensraum zerstören. Eine sinnvolle Verkehrspolitik muß daher in den Städten ansetzen. Und damit geht sie alle an. Die Verhaltensänderung bei der Benutzung des eigenen PKW betrifft nicht bloß Randgruppen, nicht nur die bösen Brummifahrer. Es geht um unser aller Verhältnis zu unserem Auto. Denn das Auto benutzen wir immer mehr als Freizeitmobil, die Entwicklung der Fahrtzwecke bis ins 2010 weist auf eine immense Steigerung des Freizeitverkehrs hin.

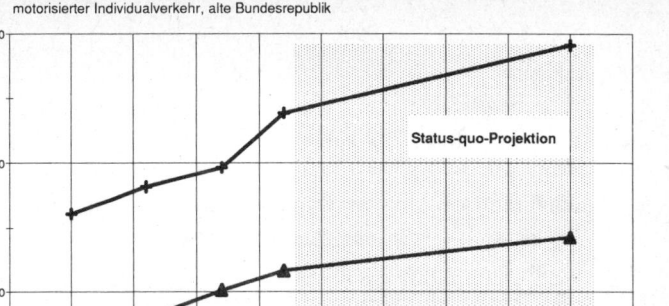

**Entwicklung der Fahrtzwecke bis 2010**
motorisierter Individualverkehr, alte Bundesrepublik

Status-quo-Projektion

Legende: Beruf, Ausbildung, Geschäftsreise, Einkauf, Freizeit, Urlaub

Quelle DIW 1990

*Abbildung 5: Die weitaus meisten Kilometer werden für Freizeit-*
*zwecke gefahren. Auch künftig wird die Steigerung der in der Frei-*
*zeit gefahrenen Kilometerfahrten gegenüber anderen Zwecken bei*
*weitem dominieren.*

Kollektive Verhaltensänderung kommen nicht über Nacht und
stellen sich nicht ohne Überzeugung ein. Doch auch die reicht oft
nicht, wenn zwar die öffentliche Meinung die Verkehrsbelästi-
gung zunehmend verurteilt, das eigene Verhalten davon aber häufig unberührt bleibt. Andererseits leiden immer mehr Menschen
unter dem täglichen Chaos des Verkehrs, unter Lärm und Dreck.
Die Forderung nach Reduzierung des privaten Verkehrs zugunsten öffentlicher Verkehrsmittel bestimmt zunehmend das Mei-
nungsbild.

Für die Zukunft zeichnen sich zwei potentielle Entwicklungs-
tendenzen ab: eine weitere Aggressivierung des Straßenverkehrs
mit einer totalen Dominanz des Fetischs Auto, dem völligen Ver-

121

kehrskollaps und wachsender Gegenwehr bei Betroffenen und Trittbrettfahrern. Erste Anzeichen dafür sind spontane Aktionen von Anwohnern gegen Autofahrer, die beschimpft oder mit Gegenständen beworfen werden. Im holländischen Arnheim gehen Unbekannte bereits wesentlich weiter: Immer wieder werden Kraftfahrzeuge ein Raub der Flammen, als Ausdruck der Gegenwehr. Alarmzeichen, die – wenn auch gegenwärtig nur vereinzelt – auf einen Trend gewaltsamer Interessenkollisionen hinweisen. Wo der Bürger sich ohnmächtig allein gelassen fühlt, keimt das Ressentiment, die Saat der Gewalt.

Die andere Entwicklungsmöglichkeit besteht in einem Zurückdrängen des privaten Verkehrs aus den Innenstädten, in Verkehrsberuhigung und Tempo-30 als Regelfall, Tempolimit und Senkung der Promillegrenze, im Vorrang für Busse und Bahnen durch entsprechende Ampelschaltungen, Systembeschleunigung des öffentlichen Verkehrs mit Wartepflicht des Individualverkehrs und einer deutlichen Kostenverlagerung nach dem Verursacherprinzip.

Autofahren hat vielerlei psychologische Motive, der Widerstand gegen eine neue Verkehrspolitik auch. Gerade darum entscheiden psychologische Momente mit darüber, ob wir weiterhin auf unserem Privatwagen total abfahren oder ein Ausstieg aus dem Blechwahn gelingen wird. Die Beeinflussung emotionaler, häufig unbewußter Beweggründe kann zu kollektiven und individuellen Verhaltensänderungen führen. Welche psychologischen Rahmenbedingungen müssen verändert werden, um einer neuen Verkehrspolitik zum Erfolg zu verhelfen?

### Spürbare Kosten und Konsequenzen

Kein Mensch würde auf den Gedanken kommen, auch nur eine einzige Zigarette zu rauchen, wenn die Konsequenzen seines Tuns nicht erst in zwanzig Jahren, sondern unmittelbar im Anschluß an den Rauchgenuß spürbar würden. Könnte man sein Krebsgeschwür mit jedem Lungenzug wachsen sehen oder spüren, fühlte man die Verengung von Blutgefäßen und das zunehmende

Infarktrisiko, ja wären gar Abnahme von Potenz und Infektabwehr, von Durchblutung und Konzentration wirklich im Moment des Rauchens zu erleiden, wer würde noch zum Glimmstengel greifen? Eine Zigarette ist unendlich teuer. Sie kostet zunächst etwa 12 Pfennig und – am Ende – die Gesundheit, womöglich das Leben. Sie kostet die Krankenkassen und damit die Gemeinschaft immense Summen, sie kostet das Leid von Kranken und Angehörigen. Das alles ist bekannt. Es ändert wenig. Die Tragik des Raucherleidens ist durch die lange Zeitspanne zwischen verursachender Handlung und ihren Folgen bedingt. Es scheint, als ob das Rauchen gar keine Konsequenzen hätte: „Ich spüre ja gar nichts, also betrifft mich das auch nicht."

Der Straßenverkehr funktioniert bis heute in weiten Bereichen nach ähnlichen Gesichtspunkten. Die wirklichen Kosten und Konsequenzen individuellen wie kollektiven Tuns sind (noch) nicht spürbar. Dies betrifft zunächst Anschaffung und Unterhaltung des Kraftfahrzeugs. Ich habe schon darauf hingewiesen: Würde man all die ökologischen und sozialen Folgekosten, die Kosten für den Unterhalt von Straßen nach dem Verursacherprinzip dem Autofahrer über die Mineralölsteuer in Rechnung stellen, könnte sich niemand mehr über seine Kilometerpauschale gesundrechnen. Denn auch wenn die tatsächlichen Kosten des gefahrenen Kilometers bereits jetzt oft weit über der Pauschale liegen, fährt so mancher munter drauflos, der glaubt, hierbei seine Haushaltskasse noch auffüllen zu können. Tatsächlich reisen viele Arbeitnehmer auch lange Strecken für ihre Brötchengeber mit dem eigenen Wagen, in dem Glauben, über die abgerechneten Kilometer ein Geschäft machen zu können. Geradezu absurd ist das Fehlen einer mindestens gleich hohen Steuerminderung für Fußgänger, Radler und Mitfahrer, die zwar ökologisch vernünftiger handeln und damit der Gemeinschaft enorme Kosten durch ihr verantwortungsvolles Handeln ersparen, die das aber nicht honoriert bekommen. Belohnt wird die häufige Benutzung des privaten PKW, so daß durch Geschäftsfahrten (die beim Arbeitgeber abgerechnet werden) und Steuererklärung das Auto dem Besitzer scheinbar auch noch mehr Einkommen erwirtschaftet. Obendrein wird die Anschaffung von Neuwagen steuerlich begünstigt, ohne daß dies bereits durch die jeweils bessere Technik auch ökologisch sinnvoll sein muß.

Die wahren Kosten des individuellen Autogebrauchs bleiben so unklar. Unmittelbar spürbar sind aber die erwähnten Belohnungen. Damit wird eine Situation geschaffen, die die Realität auf den Kopf stellt. Verhaltensänderungen werden durch Einsicht und durch unmittelbar spürbare Konsequenzen möglich. Fehlen die Konsequenzen oder sind sie gar in ihr Gegenteil verkehrt, so schlägt sich das auch im allgemeinen Autogebrauch nieder.

Hierbei handelt es sich aber nur um die finanziellen Voraussetzungen, ja Anreize zum Autogebrauch. Die scheinbare oder tatsächliche Konsequenzlosigkeit eigenen Tuns geht aber noch viel weiter. Denn auch besonders rücksichtsloses Fahren oder schuldhaft verursachte Unfälle müssen keineswegs zu einer Verhaltensänderung führen. Auch hier bleiben unmittelbar spürbare Konsequenzen häufig aus. Durch die Möglichkeit, sich per Kasko-Versicherung die Folgen eigenen Fehlverhaltens weitgehend zu ersparen, mag es viele weniger schrecken, einen Totalschaden „zu bauen". Die angebliche Leistung, die in dem Ausdruck „bauen" zum Ausdruck kommt, weist auf das Problem: Es scheint keinerlei negative Bedeutung zu haben, den eigenen Wagen im Wert von zwanzig-, dreißig, vierzigtausend Mark oder mehr in Schrott zu verwandeln, da ja das Kollektiv der Versicherten hierfür aufkommt. Demnach ist aber auch rücksichtsloses Fahren mit entsprechenden Unfallrisiken subjektiv gar nicht so schlimm, da der Unfall keine Katastrophe darstellt (sofern man nicht selbst ernsthaft zu Schaden kommt). Es handelt sich eher um ein Kavaliersdelikt, das wie ein sportliches Ereignis empfunden wird. Einen „Totalschaden bauen", den Wagen „aufs Dach legen" usw. klingt wie ein besonderer Männersport, und ist es wohl häufig im Nachhinein am Biertisch auch. Die Erhöhung der Versicherungsprozente wird da als Teil des folkloristischen Ereignisses in Kauf genommen, wirklich spürbare Folgen eigenen Handelns bleiben aus. Stattdessen kann man sich der Frage nach der nächsten Fahrzeugbestellung widmen, da bis auf einen vergleichsweise lächerlichen Eigenanteil alle Kosten von der Versicherung übernommen werden. Das gegewärtige Kaskoversicherungssystem fördert dissoziales Verkehrsverhalten, weil es Fehlverhalten ermöglicht und belohnt, welches unter anderen Bedingungen ruinös wäre. Würde die Sicherheit fehlen, daß unangemessenes Verhalten in beinahe jedem Fall durch die Versicherung gedeckt wird, hätte dies auch einen erheblichen Vorbeugeeffekt: Da das eigene Auto gerade bei den Risikogruppen eine enorme emotionale Bedeutung besitzt, würde die fehlende Sicherheit, sofort ein neues Fahrzeug zu erhalten, bereits im Vorfeld ein angemesseneres Verkehrsverhalten produzieren. Die Kaskoversicherung – an sich sicher sinnvoll – schafft durch den Automatismus, mit dem jeder rechnen kann, eine Situation, in der krasses Fehlverhalten keine angemessenen Konsequenzen erbringt. Damit fördert dieses Versicherungssystem äußerst problematisches Verkehrsverhalten bestimmter Personengruppen.

Mittlerweile beginnt die Rechtssprechung diese irreale und damit buchstäblich zu verrücktem Verhalten führende Lage zu verändern. Richtungsweisend ist das Urteil des Bundesgerichtshofs, welches Unfallfolgen, die bei Überschreiten der Richtgeschwindigkeit ohne weiteres Fehlverhalten entstehen, dem Schnellfahrer mit aufbürdet. Dadurch wird die Suspendierung des Realitätsprinzips auf unseren Straßen wenigstens zum Teil beendet, indem auch hier der Mit-Verursacher für sein Verhalten verantwortlich gemacht wird.

Doch könnte die Rechtsprechung auch noch in anderer Hinsicht richtungsweisend wirken: Durch ihre Urteile verdeutlicht sie kollektives Rechtsempfinden. Sie setzt Maßstäbe für sozial akzeptiertes oder intolerables Verhalten. Solange rücksichtslose Raserei, Trunkenheit am Steuer, kurz eklatant asoziales Verhalten entweder als bloße Ordnungswidrigkeit behandelt wird (was eine Verhöhnung der Opfer und der Bedrohten darstellt) oder lediglich in besonders krassen Fällen strafrechtlich geahndet wird, signalisiert dies, daß wir dem mörderischen Geschehen auf unseren Straßen kollektiv wenig Bedeutung beimessen und bereit sind, hier einen Freiraum offenzuhalten. Das subjektive Empfinden, bei gemeingefährlichen Handlungen mit oder ohne Folgen ein Kavaliersdelikt begangen, oder mal einen Fehler gemacht zu haben, wird auf diese Weise durch richterliche Autorität gestützt. Wenn

Totschlag und Nötigung im und mit dem Auto lediglich durch die Verwendung eines anderen Mediums eine grundsätzlich andere strafrechtliche Bewertung erhalten, beläßt man den rechtsfreien Raum Straße und fördert die Aggressivierung im Straßenverkehr.

Ein Satiriker sprach einmal davon, die bundesdeutschen Autobahnen seien die größte offene Psychiatrie. Da tat er den psychiatrischen Patienten sicher unrecht. Verrückt ist lediglich, daß kriminelles Verhalten nicht als solches bewertet wird. Und diese Verrücktheit fördert das mörderische Geschehen.

Daß eigenes Verhalten berechenbare Kosequenzen hat und diese Konsequenzen auch spürbar sind, ist eine Grundlage für angemessenes, vernunftorientiertes und verantwortungsbewußtes Handeln. Berechenbarkeit angemessener Konsequenzen ist die Voraussetzung seelischer Gesundheit. Verrücktes Verhalten und Empfinden entsteht unter den Bedingungen von unkalkulierbaren, unangemessenen oder nicht evozierbaren Folgen eigenen Verhaltens. Wenn es nichts ausmacht, wie ich mich verhalte, besitze ich auch keine Maßstäbe für mein Verhalten – mein Tun wird maßlos. Das Setzen von maßvollen Regeln und Grenzen fördert realitätsorientiertes, verantwortungsvolles Handeln. Das ist im Straßenverkehr natürlich auch nicht anders. Allerdings fehlt hier häufig beides: das rechte Maß, da Regeln oder Grenzen fehlen, bzw. deren Überschreitung keine Konsequenzen mit sich bringt, oder die Konsequenzen unangemessen sind. Wenn man zu verantwortungsvollerem Verkehrsverhalten kommen will, liegt hier ein wesentliches Mittel der Beeinflussung.

### Straßenverkehr – Ein System mit positiver Rückkopplung

Wo gesetzliche Regeln fehlen oder nicht durchgesetzt werden, etabliert sich ein System von Gruppennormen und ungeschriebenen Gesetzen. Das gilt besonders für den Straßenverkehr. Auf Autobahnen und Landstraßen, in Ortschaften und auf freier Strecke ist häufig erlaubt, was Spaß macht oder machen könnte. Die Aggressionsabfuhr, zu der Autofahren allzuhäufig mißbraucht wird, führt aber bei den Opfern der automobilen Attacke zu einer Stei-

126

gerung aggressiver Spannung. Unter dem Strich bleibt ein ständiges Anwachsen der Aggressivität im Straßenverkehr.

Verkehr ist ein System positiver Rückkopplung. Abweichungen werden nicht etwa abgeschwächt oder kompensiert, sondern im Gegenteil noch verstärkt. Aggressives Verhalten führt zu weiterem aggressiven Verhalten auch anderer Verkehrsteilnehmer. Der Geschwindigkeitsdruck durch immer stärkere und schnellere Automobile führt zum Kauf immer noch potenterer Fahrzeuge, um dem Druck standhalten bzw. mithalten zu können. Ohne Eingriff von außen wird sich daher die Aggressivität und die Maßlosigkeit des Verkehrsverhaltens immer weiter steigern. Generelle Geschwindigkeitsbegrenzung auf Autobahnen, Tempo-30-Zonen als Regelfall innerorts, Ausbau von Rad- und Fußgängerwegen, sowie die konsequente Durchsetzung der Straßenverkehrsordnung sind deshalb dringend erforderlich.

Die Wirksamkeit solcher Maßnahmen zeigte die Ölkrise der siebziger Jahre. In Folge des Tempolimits hatten Kleinwagen und sparsamere Fahrzeuge Hochkonjunktur, PS-starke Geschosse waren nur noch schwer verkäuflich. Die Dynamik ständiger Steigerung zu noch stärkeren Limousinen, schnellerem Fahren und damit letzten Endes größerer Aggressivität war unterbrochen.

## Ressentiment im Straßenverkehr

Die Tatsache, daß etwa nur jede 600. Alkoholfahrt polizeilich auffällt, Radarmessungen noch immer Raritäten sind und Drängler und Raser damit rechnen können, nicht belangt zu werden, zeigt, daß Fehlverhalten keine Konsequenzen zeitigt. Die fehlende Durchsetzung von Gesetzen und Regeln fördert Verantwortungslosigkeit. Sie ärgert zudem besonders diejenigen, die sich trotz fehlender äußerer Kontrolle an Normen halten und ihre Impulse zügeln. Der Neid derer, die ohnmächtig mitansehen müssen, wie sie durch die Rücksichtslosigkeit anderer wegen ihres maßvollen Verhaltens auch noch benachteiligt, belächelt oder beschimpft, ausgetrickst oder bedroht werden, kann in blanken Haß umschlagen. Gleiches gilt für die Opfer verantwortungsloser Raserei, für

Anwohner und Radler, für Fußgänger und Eltern, die um das blanke Leben ihrer Kinder fürchten müssen. Ein Gefühl der Ungerechtigkeit gepaart mit der Einschätzung, die eigene hilflose Lage nicht ändern zu können, produziert heftige Wut und das Bedürfnis nach Rache. Diese Gefühlskonstellation, bezeichnet man als Ressentiment. [1] Das wiederkehrende Erlebnis, als Radler oder Fußgänger Freiwild für ignorante Autofahrer zu sein, die beständige Angst, ob die eigenen Kinder heil und unversehrt nach Hause zurückkommen und den Schulweg überleben, und die ohnmächtige Wut über die Verursacher dieser Lage suchen nach Ventilen. Niemand wird über kurz oder lang immer wieder solchen Situationen ausgesetzt sein, ohne nicht auf Abhilfe oder Rache zu sinnen. Und da wir alle sowohl als Autofahrer als auch als nicht autofahrende Verkehrsteilnehmer Opfer des rücksichtslosen Verdrängungskampfes der Stärkeren gegen die jeweils Schwächeren oder Verantwortungsbewußteren sind, keimen potentiell in uns allen Rache- und Revanchebedürfnisse.

Der Verzicht auf die persönliche Rache, auf Blutrache und Familienfehden ist die Grundlage des Rechtsstaats. Dieser Verzicht wird möglich durch die Übereinkunft, daß die Gesellschaft die Verfolgung von Rechtsbrechern übernimmt und das persönliche Rachebedürfnis in Form von Strafe und Resozialisierung vertritt. Wo im subjektiven Empfinden oder durch objektive Gegegenheiten solche Strafverfolgung unterbleibt oder das Rechtsempfinden ständig eklatant verletzt wird, entsteht konsequenterweise eine Rückwärtsbewegung: die alten Rachebedürfnisse tauchen wieder auf. Bürgerwehren und Lynchjustiz sind besonders krasse Versuche, die eigene ohnmächtige Lage angesichts empfundener Ungerechtigkeiten zu beheben. Tatsächlich spielen sich – wir wir gesehen haben – solche archaischen Prozesse längst sowohl zwischen Autofahrern untereinander ab, als auch zwischen ihnen und anderen Verkehrsteilnehmern. Das Ausbremsen von Drän-

[1] Siehe hierzu Wurmser, a. a. O. und Hilgers, M., 1992, Die Sehnsucht nach dem Paradies und die Hölle von Auschwitz – Psychoanalytische Überlegungen zur Idealität bei den Nazis und den Nachkriegsgenerationen. in: Bastian, T., Bonhoeffer, K., 1992, Thema: Verführbarkeit, Stuttgart, Wissenschaftliche Verlagsgesellschaft.

glern, das Schneiden und Rechtsüberholen von Linksfahrern, das Zerkratzen von auf Radwegen parkenden Autos durch Radler, Prügeleien und Schießereien zwischen Verkehrsteilnehmern sind Ausdruck einer alarmierenden Entwicklung. Auch hier handelt es sich um einen Rückkopplungsprozeß: Die zunehmende gegenseitige Gewalt, die aggressive Interessenkollision steigern sich selbst. Jeder offene oder latente Gewaltakt ruft Rache- und Revanchebedürfnisse hervor, die ihrerseits wieder aggressiv-gewaltsamer Natur sind. Lediglich eine konsequente und den Delikten angemessene Bestrafung durch hohe Ordnungsgelder, verstärkten flexiblen Führerscheinentzug usw. kann diese Spirale der Aggressivität stoppen. Nur eine Durchsetzung der gesetzlichen Regeln kann das Empfinden, sich in einem rechtsfreien Raum zu befinden, beenden.

Letzten Endes geht es darum, dem Straßenverkehr einen schützenden Rahmen zu geben, der für alle Teilnhemer Sicherheit und Orientierung schafft, wo sonst das Gefühl der Grenzenlosigkeit das Bedürfnis weckt, bis zur Grenze gehen zu müssen. Fehlen erkennbare und spürbare Grenzen, so hat man mit maßlosem Verhalten zu rechnen. Dies gilt sicher nicht nur für den Straßenverkehr, doch leistet sich unsere Gesellschaft hier in besonderem Maße ein Vakuum.


### Glaubenskriege

Wo keine Maßnahmen in Sicht sind, die Verkehrsflut einzudämmen, wo ungezügelt dem Götzen Auto Opfer gebracht werden, bildet sich Gegenwehr. Radikale Ablehnung des Autos und infolge auch seiner Fahrer steht dem „Ja zum Motorsport" – auf unseren Straßen – gegenüber. Fundamentalistische Standpunkte der totalen Autoablehnung führen nicht weiter, beinhalten keine Lösungsansätze vor Ort (wo nämlich die Opfer zu beklagen sind). Die Erlösungsvorstellung, man müsse bloß das Auto abschaffen, und die Verkehrsprobleme seien gelöst, erspart sich die Mühe, den Teufel im Detail zu bekämpfen. Das Auto an sich ist aber weder gut noch schlecht; entscheidend ist der Gebrauch, den wir

von ihm machen. Die Vision vom totalen Ausstieg aus der automobilen Gesellschaft ist keine Vision. Die Ablehnung des Autos
ist genauso konzeptionslos wie die krause Asphaltierungspolitik
der jeweiligen Verkehrsminister. Bis heute fehlt der Verkehrspolitik ein utopischer Charakter, der mehr ist als die Vorstellung, mit
der Bahn Tempo 250 erreichen oder unterirdisch mit dem Auto
Städte durchqueren zu können. Neue Verkehrspolitik benötigt
positive, überzeugende Botschaften, mit denen sich Menschen
identifizieren können, will sie erfolgreich sein. Die Vorstellungen
bisheriger Verkehrspolitik hatten den Charme und die Überzeu-
gungskraft eines Teerkochers. Gerade von alternativen Konzep-
ten wird man daher mehr erwarten dürfen als das bloße Nein zum
Auto. Denn diese Haltung erübrigt natürlich auch Überlegungen,
wie man Menschen zum Umsteigen auf öffentliche Verkehrsmittel bewegen kann, wie der gegebene Autoverkehr besser zu regeln
sein wird, wie man Verkehrsteilnehmer durch Öffentlichkeitsarbeit erreicht und zu weniger destruktiven Verhaltensweisen bewegt. Das totale Nein zum Auto ist weder politisch mehrheitsfä-
hig, noch sinnvoll. Öffentlicher Personenverkehr kann nicht jede
Haustür erreichen, er wird nicht jede Fahrt mit dem privaten
PKW überflüssig machen.

Polarisierte Einstellungen wehren Ohnmachtsempfindungen
ab, die entstehen, wenn man bei Detailfragen keine optimale Lösung findet und durch den gewählten Kompromiß seine Un-
schuld verliert.


### Tiefenpsychologische Bedingungen einer anderen Verkehrspolitik

Das Auto – so haben wir gesehen – stellt eine ideale Abwehr individueller und kollektiver Schwierigkeiten dar und ist aus vielfa-
chen Gründen Quelle infantiler Lustbefriedigung. Eine solche
Lustquelle und Möglichkeit der Stabilisierung und Kompensation
wird nicht ohne erhebliche Widerstände – wenn überhaupt – aufgegeben. Jede Verkehrspolitik muß dies berücksichtigen, um
nicht an der „Autofahrer-Partei" zu scheitern. Ob Fetisch oder

Droge, ein gänzlicher Verzicht auf den Individualverkehr und seine mehrfach determinierte Funktion erscheint illusorisch. Es geht daher um die Akzeptanz des Autos als das, was es ist und wozu es verwandt wird: ein luxuriöses Lustobjekt, welches häufig hohen Unterhaltungswert, aber zumeist geringen Beförderungswert hat. Als Lustobjekt wird es überleben; es hängt von der Verkehrspolitik und der Attraktivität öffentlicher Verkehrsmittel ab, inwieweit es aus der Personenbeförderung zurückgedrängt wird. Den Lustcharakter des Autofahrens wird man durch eine Verschärfung gesetzlicher Rahmenbedingungen und deren konsequente Durchsetzung in weniger destruktive Bahnen lenken müssen. Das Zurückdrängen des Autos im Beförderungsbereich reicht allein nicht aus, da seine Destruktivität als Droge, Lust- und Reggressionsquelle, als Selbstwertregulans hiervon unberührt bliebe oder noch gesteigert würde.

Daraus ergeben sich zwei grundsätzliche Forderungen für eine neue Verkehrspolitik:

Erstens hat sie Bedingungen zu schaffen, die den Individualverkehr als Mittel der Beförderung so weit wie möglich zurückdrängen und hierzu die psychologische Akzeptanz zu schaffen.

Zweitens ist unter Berücksichtigung der tiefenpsychologischen Motive für den Gebrauch des Autos als Lustobjekt Verkehrserziehung und -aufklärung besonders auf die unbewußten individuellen und kollektiven Prozesse zu richten.

### Werbung für ein neues Lebensgefühl statt gegen das Auto

Bei jeder Art von Öffentlichkeitsarbeit müssen die beiden Ebenen des Autogebrauchs – Beförderungs- und Lustcharakter – unterschieden werden, damit man die Zielgruppe nicht verfehlt, indem man sie auf der falschen Ebene anspricht. So wird man durch Vernunftappelle und attraktive Angebote des öffentlichen Personennahverkehrs kaum diejenigen erreichen, die die tägliche Fahrt zur Arbeit vornehmlich als Aus-Zeit für ihr Innenleben, als Zeit für Träumen und Musikhören oder für Geschicklichkeitsbeweise im städtischen Berufsverkehr nutzen. Ihnen ginge ja gerade durch ein

131

Umsteigen auf Busse und Bahnen eine wichtige Lustquelle verloren. Werbestrategien, die die Beförderungsfunktion des öffentlichen Verkehrs betonen, wirken auf solche Personengruppen ausgesprochen negativ. Handelt es sich dann auch noch um Verzichtsappelle, die die Lustkomponente eigenen Tuns mehr oder weniger offen angreifen, wird man die Abneigung gegen öffentlichen Verkehr noch verstärken. Exemplarisch für viele, hier ein Negativbeispiel eines städtischen Verkehrsbetriebs: „Dabeisein ist alles. Wobei sind Sie eigentlich mit Ihrem Auto? Im Stau, an der Tankstelle, auf Parkplatzsuche, in der Werkstatt, beim Autoputzen. ASEAG für zeitgemäßes Fahren." Die Plakataktion wirkt wie Spielverderben. Keinerlei positive Identifikation wird angeboten (außer dem vagen Verweis auf zeitgemäßes Tun), die eigene Fahrlust wird attackiert und als stumpfsinnige Zeitverschwendung dargestellt. Kurz, der Autofahrer wird angegriffen. Das führt zu Abwehrreaktionen bei denen, die man erreichen will. Und das sind in diesem Fall die, die – immer noch – im Auto sitzen. Andernorts ist man auch nicht klüger: Anläßlich der Wiedervereinigung von West- und Ostberlin gaben die Berliner Verkehrsbetriebe BVG/BVB eine Broschüre heraus, die ohnehin nicht gerade durch Anschaulichkeit glänzte. Doch das Selbstverständnis zeigt sich bereits auf der ersten Seite: Der verblüffte Nahverkehrskunde blickt auf den Stadtplan Großberlins mit den Hauptverkehrsadern. Gezeigt werden Autobahnen und Bundestraßen mit ihren Nummern – und keine einzige Linie des öffentlichen Verkehrs. Häufig merkt man den Katalogen und Werbeaktionen öffentlicher Verkehrsmittel an, daß ihre Macher selber lieber mit dem Auto fahren – von Fahrvergnügen im öffentlichen Verkehr keine Spur. Angeboten werden Verzichtsappelle – ohne Erfolg zumeist. Und das ist nicht verwunderlich, wenn man die ehernen Regeln der Werbepsychologie sträflich außer Acht läßt.

Will man mit einer Werbebotschaft erfolgreich sein, so muß man, egal ob man eine Suppe verkaufen oder einer politischen Partei zum Durchbruch verhelfen will, positive Identifikationsmöglichkeiten anbieten. Viel wirksamer als die Entwertung herkömmlicher Gewohnheiten ist die positive Darstellung der erwünschten Verhaltensweise. Im Klartext: es muß ersichtlich werden, daß es sich lohnt, die Suppe zu kaufen oder die Partei zu wählen, daß es Spaß macht, Lust bringt und vielleicht auch ein bißchen vernünftiger ist, mit Bussen und Bahnen zu fahren. Kommt man jedoch als Moralapostel daher oder hat überhaupt keine positive Botschaft anzubieten wie die Berliner Verkehrsbetriebe, so wird man außer ein paar Masoschisten niemand überzeugen. Innovatives Verhalten und neue Einstellungen müssen Spaß machen und ein positives Selbsterleben vermitteln, wenn sie sich durchsetzen wollen. Das bedeutet nicht, daß man Vernunftgründe außer Acht läßt. Aber ihre alleinige Darstellung genügt eben nicht. Andernfalls ist es, als ob man mit einer Buslinie eine Haltestelle bedienen will, an der noch nie ein Fahrgast stand.

Daß es auch anders geht, zeigen zahlreiche Beispiele. Die Deutsche Bundesbahn zielt mit vielen ihrer Werbeaktionen auf den Lustcharakter des Reisens ab. Man sieht schöne Frauen entspannt im Abteil sitzen, zu denen Mann sich gerne setzen möchte, Paare die essen und trinken und ihre Reise sichtbar genießen, Kinder, die durch den Zug laufen und dabei ihren Spaß haben, kurz: man bekommt das Gefühl vermittelt, daß Reisen mit der Bahn Spaß macht. Und die Zürcher Verkehrsbetriebe – ohnehin vorbildlich – zeigten öffentlich den Zuwachs ihrer Fahrgastzahlen an, vermittelten so ein Wir-Gefühl der Trambenutzer, die es gemeinsam schafften, immer höhere Benutzerzahlen zu erreichen. Da stellt sich dann auch unerwartet Hilfe ein, wo man sie gar nicht erwartet hätte: „Tramfahren ist okay, Autofahren ist okay. Auf das richtige Verhältnis kommt es an", schaltete Nissan große Anzeigen und versprach beim Kauf eines Wagens ein Jahresabo der öffentlichen Nahverkehrsmittel für den gesamten Kanton Zürich im Wert von 1328 Franken. Andere Autohersteller zogen nach. Das Verhältnis hatte sich umgekehrt: Nissan warb mit dem positiven Image der Verkehrsbetriebe!

Die Akzeptanz öffentlicher Verkehrsbetriebe ist für unsere Lebensqualität, für Ökologie und Zukunft viel zu wichtig, als daß man ausgezeichnete Öffentlichkeitsarbeit nur den Automobilherstellern überlassen sollte. Investition in professionelle Werbung zahlt sich aus, in barer Münze und in einer besseren Umwelt.

Eine neue Verkehrspolitik muß der kompensatorischen Funktion des individuellen Autogebrauchs Rechnung tragen. Verweise auf die zerstörerischen Folgen des Individualverkehrs reichen nicht, da die Lustquelle des Fahrens hiervon unberührt ist. Reine Verzichtsappelle werden als Angriff verstanden, sie werden Widerstand auslösen und letztlich denjenigen nützen, die angeblich Lebensfreude auf ihre politischen Fahnen geschrieben haben. Die Benutzung öffentlicher Verkehrsmittel muß mit einem neuen, positiven Lebensgefühl verknüpft werden, will man ihnen zu einer breiteren Akzeptanz verhelfen. Vorraussetzung hierfür sind kurze Zeittakte, Vorrang für Busse und Bahnen vor dem Individualverkehr, schnelle Erreichbarkeit von Haltestellen, geringes Umsteigen zur Erreichung des Ziels. Weil man in Zürich mit der Tram nicht dreimal so lange braucht wie mit dem Auto, konnte überhaupt die Öffentlichkeitsarbeit so erfolgreich wirken. Denn die beste Werbung nützt nichts, wenn die Benutzung öffentlicher Verkehrsmittel zu viel Zeit in Anspruch nimmt.

## Verkehrserziehung und Aufklärung

Eine Sucht wird nicht wegen ihrer destruktiven Folgen aufgegeben, sondern – wenn überhaupt – weil die Droge nicht mehr in dem Ausmaß benötigt wird. Es geht nicht um eine Abschaffung des Autos, sondern um einen anderen, weniger zerstörerischen Gebrauch, um einen anderen Umgang mit der Droge Auto. Dem Auto als Freizeitinstrument ist daher ein Platz einzuräumen; als Beförderungsmittel ist es so weit möglich zu ersetzen. Auf die Art und Weise, wie das Auto als Freizeitinstrument und Lustquelle benutzt wird, kann man durch Verkehrserziehung Einfluß nehmen.

Erfolgreiche Verkehrserziehung und Öffentlichkeitsarbeit müssen zwei Faktoren berücksichtigen:

Die wesentlichen Motive problematischen Autogebrauchs sind vor- bzw. unbewußt. Reine Appelle an die Vernunft, die das Unbewußte des Autofahrers leugnen, gehen deshalb ins Leere. Öffentlichkeitsarbeit muß die unbewußten Prozesse erkennen und häufig auch ansprechen. (Wieder-) Erkennen eigenen Verhaltens und eigener Motive in der konkreten Verkehrssituation wird so wahrscheinlicher. Darstellungen wie zum Beispiel „Sie fahren mit Abstand am besten", „reisen nicht rasen", die häufig einen entspannten und einen angespannten Autofahrer zeigen, verweisen zwar auf die Lust-Unlust-Dimension, sprechen aber den unbewußten Grund des problematischen Verkehrsverhaltens nicht an. Geschieht dies nicht, wird eine Medizin verabreicht, die zwar gut ist, aber den Patienten nicht erreicht. Unbewußte Motive bleiben wirksam, solange sie dem Fahrer nicht bewußt werden. Konkrete Verhaltensänderung basieren aber häufig auf der Kenntnis eigenen Verhaltens. Erst dann kann der Betreffende entscheiden, ob er weiterhin so oder anders handeln möchte. Der emotionale Druck kann darüberhinaus bereits durch die Bewußtwerdung entscheidend sinken. Tatsächlich führen etwa Plakate des Deutschen Verkehrssicherheitsrates, die an Vernunft und Einsicht appellieren, statt erst die Voraussetzungen hierfür zu schaffen, zu absurden Situationen: Plakate auf Autobahnen zeigen problematisches Verhalten, dessen Gründe nicht angesprochen werden. Viele Verkehrsteilnehmer aber ahnen, wie die TÜV-Studie belegt, die tieferen Ursachen. Es muß keineswegs beschämend und damit das Problem verschärfend wirken, wenn zum Beispiel die Selbstwertregulation durch Autofahren angesprochen wird.

Reine Gefahrenaufklärung, die noch immer von der Verkehrspädagogik favorisiert wird, beruht auf der Vorstellung vom Autofahrer als rationalem, sicherheitsbewußtem, vor allem aber wenig affektgesteuertem Verkehrsteilnehmer. Diese Vorstellung ist – da braucht es keine große Psychologie – unzutreffend. Zwar geht es darum, das kritische Bewußtsein des Fahrers zu wecken und zu stärken, doch das funktioniert eben gerade nicht, wenn man die unbewußte Dimension des Autofahrens leugnet. Als zum Beispiel Gurtanlegen Pflicht wurde, appellierte die Verkehrserziehung nach diesem Muster an die Autofahrer. Gezeigt wurden drastische Bilder von Verletzungen, über die Gefahren ohne Gurt wurde berichtet, das Sicherheitsbedürfnis sollte gestärkt werden. Tatsächlich änderte sich infolge auch die Einstellung zum Gurt. Aber eben bloß die Einstellung. Angelegt wurde er darum aber noch lange nicht. [2] Der klassische Fehler solcher Kampagnen liegt einmal in der Gleichsetzung von Einstellung mit tatsächlichem Verhalten. Wer nämlich eine bestimmte Einstellung hat, verhält sich noch lange nicht in Übereinstimmung mit dieser Meinung. Zum anderen versuchen sich solche Aufklärungsaktionen an den Affekten und unbewußten Motiven vorbeizumogeln. Doch damit wirken sie eher gegenteilig. Dabei wäre Aufklärung auch über emotionale und unbewußte Motive eigentlich durchaus möglich.

Das gilt natürlich auch für die Ausbildung in den Fahrschulen. Bereits dort können emotionale und unbewußte Motive des Autofahrens mit den Fahrschülern besprochen werden. Wie wichtig das ist, zeigen die erschreckenden Zahlen über tödliche Unfälle gerade auch von Fahranfängern: häufig die Personengruppe, die nach einer Übungsphase ungezügelt ihre Größengefühle im Straßenverkehr auslebt, Thrillerlebnisse und Grenzerfahrungen sucht – und manches Mal auch findet. Grotesk ist die Vernachlässigung psychologischer Dimensionen bei der Fahrausbildung, als käme es nur auf technisch-motorische Fähigkeiten und das Auswendiglernen der Straßenverkehrsordnung an.

Noch wesentlich wirksamer freilich dürfte die Berücksichtigung von Gruppenprozessen sein. Eine besondere Schwierigkeit der Verkehrserziehung besteht ja darin, daß das Gros problematischer Verkehrssituationen in zufällig zusammenkommenden offenen Gruppen stattfindet. Ob Geschwindigkeitsrausch oder Machtkampf, Individualverkehr ist – wie oben beschrieben – als Gruppenphänomen zufällig zusammenkommender Gruppenmitglieder zu betrachten. Die interagierende Gruppe kann aber als solche niemals angesprochen werden oder nur selten direkt miteinander sprechen. Daher muß Verkehrserziehung diese kommunikative Funktion übernehmen, indem sie jeweils auch die Lage und die Empfindungen anderer Gruppenmitglieder einfühlbar macht und damit die Beziehungslosigkeit wieder aufzuheben versucht.

[2] Vgl. Bliersbach, G., Dellen, R.G., 1981, Informationsverabeitung und Einstellung im Straßenverkehr. Bericht zum Forschungsprojekt der Bundesanstalt für Straßenwesen. Bereich Unfallforschung. DelBerg Institut, Köln, S. 73.

Voraussetzung für die rücksichtslose Gewalt im Straßenverkehr ist die Anonymität des vermeintlichen Gegners. Je mehr andere Verkehrsteilnehmer als anders, fremd, verrückt, krank, unmenschlich, ja als Objekt empfunden werden, desto niedriger ist die Aggressions- und Tötungshemmung. Ähnlich wie im Krieg kann ein Gegner nur bedroht oder vernichtet werden, wenn der Eindruck verfestigt ist, daß man mit ihm nichts gemein hat, daß es sich eigentlich gar nicht um Menschen handelt. Verkehrserziehung kann sich dieses psychologische Moment zu Nutze machen, indem sie den Prozeß umkehrt: Je mehr man Empfindungen und Gedanken des anderen einfühlen kann, je verständlicher und nachvollziehbarer seine Reaktionen sind, je mehr er eigenem Erleben und Handeln ähnelt, desto geringer ist die Neigung, hemmungslos über ihn herzufallen. Der Aggression im Straßenverkehr begegnet man auch dadurch, daß andere Verkehrsteilnehmer einfühlbar geschildert werden. Damit wird die Sprachlosigkeit der anonymen Gruppe zu einem Teil aufgehoben. Bestens geeignet für solche Botschaften ist das Medium Film, das durch schnelle Schnitte den jeweils anderen Verkehrsteilnehmer in seinem Erleben einfühlbar zeigen kann. Sobald man sich mit seinem Gegenüber identifizieren kann, könnte man auch selbst an seiner Stelle sein – und damit wird der Kreislauf der anonymisierten Gewalt unterbrochen. Auch das ist gerade in Fahrschulen mit den Gruppen der Fahrschüler zum Beispiel in Rollenspielen oder durch Filmvorführungen leicht möglich – wenn man nur will.

Unabhängig welche verkehrspolitischen Maßnahmen man im einzelnen favorisiert, die stabilisierende Funktion des Automobilmißbrauchs muß von einer neuen Verkehrspolitik berücksichtigt werden. Sie muß die psychosoziale Funktion des Autowahns begreifen, um weder kurzfristig zu scheitern, noch unbewußt neuen destruktiven Formen die Tür zu öffnen, in dem irrigen Glauben, es lediglich mit einem organisatorischen Problem des Spätkapitalismus zu tun zu haben, wo es vielmehr auch um ein Stück echter Sozialpolitik geht.

# Themen im Brennpunkt

**Tüchtig oder tot**
Die Entsorgung des Leidens
Herausgegeben von Jürgen-Peter Stössel
Band 4012
Wer nur auf die Effektivität des Menschen setzt, grenzt
nicht-leistungsfähiges Leben aus. Die Konsequenz ist brutal und brisant.

Stephan H. Pfürtner
**Fundamentalismus**
Die Flucht ins Radikale
Band 4031
Eine glänzende Analyse von den Fußball-Hooligans bis zum religiösen
Fanatismus.

Eugen Drewermann
**Der tödliche Fortschritt**
Von der Zerstörung der Erde und des Menschen im Erbe des
Christentums
Band 4032
Eine erschreckende Bilanz zugleich ein Plädoyer für ein neues
Menschenbild.

Dieter Oberndörfer
**Die offene Republik**
Zur Zukunft Deutschlands und Europas
Band 4034
Eine realistische Vision, ein Modell zur Lösung der politischen, sozialen
und kulturellen Probleme des neuen Deutschland.

Gerd Michelsen
**Unsere Umwelt ist zu retten**
Was ich gewinne, wenn ich mein Verhalten ändere
Band 4035
Es ist fünf vor zwölf. Aber wenn sich individuelles und politisches
Engagement verschränken, gibt es noch Chancen für die Umwelt.

# HERDER / SPEKTRUM

Christine von Weizsäcker/Elisabeth Bücking (Hrsg.)
**Mit Wissen, Widerstand und Witz**
Frauen für die Umwelt
Band 4093

Sie blockieren, demonstrieren und intervenieren. In allen Teilen der Welt kämpfen engagierte Frauen den Kampf für die Umwelt, gegen Lobbyisten und Dummheit.

**Scientology – der Griff nach Macht und Geld**
Selbstbefreiung als Geschäft
Herausgegeben von Friederike Valentin und Horand Knaup
Band 4109

Praktiken und Programm eines weltweit vernetzten Wirtschaftsgiganten, der sich als Heilsbringer tarnt.

Thea Bauriedl
**Wege aus der Gewalt**
Analyse von Beziehungen
Band 4129

Gewalt und Mißbrauch zwischen den Geschlechtern, die alltäglich gewordenen Agressionen in unserer Gesellschaft. Die bekannte Psychoanalytikerin entwirrt komplizierte Beziehungen.

Franz Xaver Kaufmann
**Der Ruf nach Verantwortung**
Risiken, Ethik und Sicherheit in einer gefährlichen Welt
Band 4138

Läßt sich die wachsende Unübersichtlichkeit unserer Lebensverhältnisse durch ethische Appelle in den Griff bekommen?

Richard Schröder
**Deutschland schwierig Vaterland**
Band 4160

Warum uns die Einheit zu schaffen macht: Wege aus Verliererfrust und Siegesdünkel. Der bestechende Entwurf für eine solidarische Republik.

**HERDER** / SPEKTRUM

# Für ein bewußtes Leben

Verena Kast
**Loslassen und sich selber finden**
Die Ablösung von den Kindern
Band 4002

Sich loslassen und sich als Erwachsene neu begegnen. Phasen und Chancen im Ablösungsprozeß von den Kindern.

Christine Swientek
**Mit 40 depressiv, mit 70 um die Welt**
Wie Frauen älter werden
Band 4010

Älterwerden nicht als Last, sondern als Lust und Chance. Frauen erzählen, was dabei zu gewinnen ist.

Christian Michel/Felix Novak
**Kleines Psychologisches Wörterbuch**
Erweiterte und aktualisierte Neuausgabe
Band 4054

Kompakte Informationen und hilfreiche Anregungen für das Verstehen psychologischer Vorgänge im Alltag, für Arbeit und Studium.

Werner Rautenberg/Rüdiger Rogoll
**Werde, der du werden kannst**
Persönlichkeitsentfaltung durch Transaktionsanalyse
Band 4062

Dieses Buch hilft, die eigene Lebensgeschichte zu entziffern und alle Möglichkeiten zur persönlichen Entfaltung zu nutzen.

Chérie Carter-Scott
**Negaholiker**
Das Rettungsbuch für alle Schwarzseher und notorischen Pessimisten
Band 4075

Das praktische Selbsthilfeprogramm für alle, die sich weniger zutrauen, als sie wirklich können. Ein wahrer Lichtblick.

**HERDER** / SPEKTRUM

Rudolf Köster

**Was kränkt, macht krank**

Seelische Verletzungen erkennen und vermeiden

Band 4122

Rudolf Köster legt die subtilen Mechanismen seelischer Kränkung offen und deckt ihre psychosomatischen Folgen auf.

Walter Sydow

**Sisyphos lernt tanzen**

Ein Mann geht den Weg der Befreiung

Band 4131

Die Geschichte eines Helden, der lernt, kein Held mehr sein zu müssen. Ein intelligentes Lese-Vergnügen voll hintergründigem Psycho-Witz.

Dorothy Corkille Briggs

**Selbstvertrauen wirkt Wunder**

Wege zu neuem Lebensmut

Band 4134

Praktikable Tips zur Entwicklung eines Selbstwertgefühls, das unabhängig macht von den vielen quälenden Stolpersteinen im Leben.

Rudolf Drössler

**Planeten, Tierkreiszeichen und Horoskope**

Mythologie, Spekulation, Wirklichkeit

Band 4139

Ein höchst aufschlußreicher Blick in die Sterne: unterhaltsam, amüsant und zugleich überaus informativ.

Karlfried Graf Dürckheim

**Meditieren – wozu und wie**

Band 4158

Geheimnisse erfahren und sich als ganzer Mensch verwandeln. Eines der reifsten und praktischsten Werke des erfahrenen Meisters.

HERDER / SPEKTRUM

# Frauen heute: sanft und rebellisch

Fatema Mernissi
**Der politische Harem**
Mohammed und die Frauen
Band 4104

"Fesselnd, mit großer Sensibilität, einer Mischung aus Zurückhaltung und Kühnheit geschrieben (Le Figaro).

Barabara Krause
**Camille Claudel – Ein Leben in Stein**
Roman
Band 4111

Sie war ein Genie und zerbrach an der Ignoranz ihrer Zeit. Die mitreißende Geschichte eines Lebens gegen jede Konvention.

Gisela Steineckert
**Aus der Reihe tanzen**
Ach Mama! Ach Tochter!
Band 4147

Gisela Steineckert spürt der besonderen Beziehung von Frauen nach. Ein engagiertes Stück Literatur gegen jede Form von Anpassung.

Saliha Scheinhardt
**Frauen, die sterben, ohne daß sie gelebt hätten**
Band 4155

Eine atemberaubende Erzählung über das Schicksal einer jungen türkischen Frau in Deutschland, die um all ihre Hoffnungen betrogen wird.

**HERDER** / SPEKTRUM

# Kultur macht Geschichte

Carl Friedrich von Weizsäcker
**Die Sterne sind glühende Gaskugeln und Gott ist gegenwärtig**
Über Religion und Naturwissenschaft
Herausgegeben von Thomas Görnitz
Band 4077
Ein Buch, das mit uralten Mißverständnissen aufräumt und einen
radikalen Bewußtseinswandel fordert.

Jacques Gélis
**Das Geheimnis der Geburt**
Rituale, Volksglaube, Überlieferung
Band 4103
Ein aufschlußreiches Kapitel Kulturgeschichte: Der Mensch ist schon vor
der Geburt ein Kind seiner Zeit.

Li Zehou
**Der Weg des Schönen**
Wesen und Geschichte der chinesischen Kultur und Ästhetik
Herausgegeben von Karlheinz Pohl und Gudrun Wacker
Band 4114
Das Erlebnis von 7000 Jahren chinesischer Zivilisation und der Menschen,
die sie schufen.

Hartmut Stegemann
**Die Essener, Qumran, Johannes der Täufer und Jesus**
Ein Sachbuch
Band 4128
Das Geheimnis der Höhlen von Qumran und einer der einflußreichsten
religiösen Vereinigungen zur Zeit Jesu.

Mircea Eliade
**Schmiede und Alchemisten**
Mythos und Magie der Machbarkeit
Band 4175
Verblüffende Zusammenhänge zwischen der Arbeit der Schmiede, dem
Werk der Zauberpriester – und der Krise der modernen Welt.

**HERDER / SPEKTRUM**